現代中国における第3次産業の研究

サービス業および軍需産業の理論的考察

譚暁軍

八朔社

まえがき

　本書は私の2回にわたる日本留学の研究成果であり、私の研究生活において初めて出版する単行書である。私は日本で研究生活の第一歩を踏み出し、日本で一生の研究方向も決めたので、その成果を日本で公刊することは私の長年の希望であり念願だった。記念碑となるこの書物刊行の機会に、多くの方々への感謝を込めて、感慨深い足跡を振り返ることをお許しいただきたい。

　私は1991年に中国・大連の東北財経大学を卒業して、4年間瀋陽出版社に勤務した後、先に東京に留学していた夫のあとを追って、1995年9月に私費留学生として日本にやって来た。日本語もままならないのに、東京での留学生活のためにアルバイトをしながら、とにかくまずは日本語学校に通いはじめた。この間苦しい生活と厳しい勉強に我慢はできても、1歳半に満たない幼い息子と離ればなれになることほど耐えがたい辛いことはなかった。幸いにも周りには親切な日本人が多くいて、不慣れな私たちの留学生活を支えてくれた。日本語学校の先生たち、アパートの大家さん、アルバイト先の店長と仲間たち、常連客のおばあさんやおじいさん、近所の八百屋さんまでも、いつも励ましてくれ、日本語から生活の仕方、日本事情までいろいろなことを教え導いてくれた。お蔭で最初の最も困難で不安な時期を乗り越えることができた。十数年経つ今でもいつも思い出されるのは初志を歩みはじめたこの時期のことだが、今に至るまでも彼らに感謝を表す機会もなく申し訳ないと思っている。この場を借りて深く厚く謝意を捧げたい。

　徐々に生活が慣れてきた頃、日本の満開の桜花の美しさに初めて接した1996年4月に、不安、好奇、期待の気持ちを抱きながら東京都立大学経済学部に研究生として入学を許された。最初に出会ったのは指導教授として

その後長くご指導いただくことになる宮川彰先生であった。先生は背が高く博学で風格ある学者という第一印象だった。全く自信のなかった私は入学後も暫くのあいだ先生の前に行くのが憚られていた。中国の留学生が参加する授業ではいつも黒板にたくさんの漢字用語を書いたり，解説する時もゆっくり分かりやすくして話してくださる先生の優しさもよく受け止めていた。このような先生に恵まれていたからこそ頑張り続けることができたのだと思う。翌年，大学院修士課程の入試に合格し，本格的な研究が始まった。大学院ゼミの参加をきっかけにして日本経済史の山﨑志郎先生と経済学説史の深貝保則先生に出会った。山﨑先生は学問に真摯で厳しい方，深貝先生は根気づよい指導で接して下さる優しい方。お二人とも印象深い先生だった。これら三先生は，学者として学問に立ち向かう真面目な厳格な態度，教育者として学生に対する優しさ，立派な人格の持ち主として，大いに私を感化して影響を与えてくれた。今日まで私は，先生方をお手本として，学問に専念する一方で学生にいい影響を与えることができるように精進につとめている。このことをもって本書は，最も尊敬する先生方に捧げたい。私を研究者の道に導き，研究者と教育者の在り方をご指導いただいたことを生涯感謝したいと思う。

　留学の歳月の経つのは早いものだった。修士課程2年目に入ると修士論文の仕上げが中心の研究生活となった。テーマの絞り込みで迷っていた時，宮川先生の専門領域にも近く，日本の研究蓄積の豊富な軍需部門再生産表式論に関するテーマを勧められた。冷戦対立後の軍縮の機運が中国を含めて世界中で高まっていた状況もあり，すぐに引き込まれて没頭した。理論の理解が深まるのに応じて心底研究が好きになる気持ちが沸き起こり，理論分野で中国経済発展を分析し提言しようという願望も益々強くなってきた。先生のご指導のもとで何度も厳しい議論と推敲を重ねた末に「軍需生産と経済発展——軍需再生産表式の展開をふまえて」という表題の修士論文を完成させることができた。これは本書の一部分になっている。1999年3月に私は修士課程を無事に修了した。

まえがき

　卒業当時，宮川先生と両親による博士課程への進学の勧めは受け止めて考える余裕もなかった。一日も早く息子に会いたいという気持ちを抑えきれなかったのだ。帰国して中国の厳しい大卒就職環境のもとで故郷瀋陽市の遼寧省人材センターに入社することになった。力を尽くそうとしてはいたが，まったく研究に無関係な仕事内容ではなかなか身が入らず，次第に負担を感じるようになっていた。4年余り経って進路に迷っていた時，宮川先生が訪中し私の職場を訪ねてきた。先生との懇談中に，私は自分が研究に戻るべきだということを気づかされることになった。2004年1月に応募と厳しい審査を経て中国・瀋陽の東北大学文法学院経済学部に赴任した。初めて教壇に立った。教室の学生たちの信頼を寄せる目を見て強烈な責任感を感じる一方で，その雰囲気が大好きになった。これはずっと探し求めていた一生続けるに値する仕事だと分かった。「『資本論』選読」という授業を担当し準備するなかで，マルクス政治経済学に益々関心が深くなるとともに，学問上の不足も痛感するようになった。

　2005年2月に再び留学生活が始まった。10年前よりもずっと強烈な研究意欲と動機を持って再び日本に戻った。大学院博士課程に入学した4月には，東京都立大学はちょうど首都大学東京に統合されたところだったが，熟知したキャンパス，信頼できる指導教授陣のもとに戻ることができた。学資の工面では，瀋陽で法律事務所を開設した弁護士の夫に支えられて困ることはなく，再度の留学の日々を勉強に専念できたことは幸いだった。宮川先生の指導を受けながら，修士論文で取り組んだ軍需問題のテーマや素材に関連の深いサービス部門や第3次産業に研究を拡張して，「現代中国における第3次産業の研究──サービス業および軍需産業の理論的考察」という表題の博士論文を仕上げた。2008年3月に首都大学東京大学院社会科学研究科博士第一号として学位を授与された。本書はこの博士論文に基づくものである。

　博士課程の3年間には最愛の父が病気になり闘病の末亡くなることを経験した。その悲しさを抑えて父の期待に応えるように今日まで頑張るこ

v

とができた。本書を父にも捧げたい。亡き父も天国で喜んでくれるだろう。博士課程在籍中に受けた山﨑志郎先生のご援助や同窓生の黄賀，劉新宇，劉鋒，包秀琴，池蓮らの支援やお世話を忘れられない。中国側では父譚涌濤，母李義本，夫趙雪岩，息子趙之豪の理解や支え，また勤務先同僚の王海濤，孫萍，張満勝，李静，侯卉，曾奕，田樹喜，林艶麗らの仕事上の協力・援助に対しても心から感謝したい。これらは私の最大の力になった。彼らの協力・支援がなければ留学生活は順調に過ごせなかっただろうし，研究上の成長も到底叶わなかっただろう。厳しい学究生活の中でも懐かしく思い出されるのは，ゼミ合宿で沖縄の海，会津田島で初スキーを体験し，そして那須では温泉の楽しさなどを味わったことだ。これらは私の貴重な日本旅行記憶になっている。日本に再び「さよなら」を言う時，誇れる研究者になることを心に決意した。

　帰国後，勤務する東北大学での日常の教育活動に専念する一方で，マルクス理論の研究に益々魅かれ，さらに深めて中国の発展に応用させたいという思いが募ってきた。このことを自分の研究目標と定めた。中国社会科学院のマルクス主義研究院の動向に注目するようになり，その研究成果・動向や研究者情報などをよく参照していたが，徐々に社会科学院に入って研究したいという気持ちが強まってきた。中国では地方から北京に転職する場合，まず戸籍の問題に直面しなければならない。これは非常に困難である。しかも転職したいところは中国最高の研究機関であり，容易に実現しそうにない。それでも，恵まれた研究条件のもとで高いレベルの研究が行えることに魅了され，困難でもチャレンジしてみたい気持ちが抑えきれなくなっていた。応募のために履歴書を社会科学院に送付すると間もなくして，思いがけなく研究実績を送ってほしいとの返事が届いた。その後何度かの書類審査を経た後，上京して面接することが決まった。マルクス主義研究院の大勢の著名な学者たちを前にした口頭試問（面接）が行われた。大変に緊張しながら臨んだが，面接官の懇切丁寧な質問や配慮のお蔭で無事に乗り切ることができた。その後戸籍問題の解決に多大の時間がかかり

まえがき

はしたが，念願だった中国最高レベルの研究機関に受け入れられ，そこで高い水準の研究を続けたいという夢が叶うことになった。本格的な研究軌道のスタート地点に立てた悦びはひとしおである。本書の出版は転職と新しい門出のお祝いのしるしとなるだろう。

本書は宮川先生の推薦により八朔社の片倉和夫社長のご好意で出版できた。私の研究半生のたくさんの思い出が含まれている初めての著書，私にとって最も記念すべき第一冊目になった。この貴重な機会を作って下さった宮川先生そして片倉社長に厚くお礼を申し上げる。

2010年8月吉日

譚　暁軍

目　次

まえがき

序　章　第3次産業の発展と研究 ·· 1
　　1　世界中に広がる第3次産業の発展 ··· 1
　　2　理論界における第3次産業の研究 ··· 3

第Ⅰ部　産業分類をめぐる諸展開

第1章　産業分類について ·· 9
　　1　産業分類の提出 ·· 9
　　　1　フィッシャーによる産業分類の提起　9
　　　2　ペティ―クラーク定理　10
　　　3　同時代における他の学者の3つの産業分類　12
　　2　各国の産業分類の実践 ·· 14
　　　1　国連の標準産業分類　14
　　　2　日本標準産業分類の最新改訂　15
　　　3　中国の産業分類とその変化　17
　　3　産業分類の意義とその問題点について ··· 19
　　　1　産業分類法の意義　19
　　　2　産業分類法の問題点　20
　　むすび ·· 22

第2章　第3次産業の分類について ··· 25

  1 第3次産業の内部についての最初の分割……………………… 25

  2 日本による現代第3次産業の分類…………………………… 26

   1 機能別分類 27

   2 比較経済体制の分類 30

   3 価値論・再生産論視点からの分類 32

   4 まとめ 34

  3 本論文における第3次産業の分類……………………………… 35

   1 本論文における第3次産業の分類 35

   2 各国における第3次産業分類の再確認 36

  むすび……………………………………………………………………… 38

第Ⅱ部 サービス業をめぐる諸展開

第3章 マルクスの労働価値論によるサービスの規定……………… 43

  1 ペティ―ケネー――スミスの生産的労働論と古典派のサービス規定‥ 43

  2 マルクスの生産的労働論に基づくサービス規定………………… 48

   1 マルクスの生産的労働論について 48

   2 マルクスのサービス規定について 51

   3 まとめ 60

  3 現代経済学のサービス論の展開とその誤り……………………… 62

   1 現代経済学のサービス論の展開 62

   2 現代経済学のサービス論の誤り 66

  4 「マルクスのサービス規定は時代遅れ」という観点への批判…… 68

第4章 マルクスの労働価値論に基づく日本のサービス論争……… 73

  1 1960年代までの「サービス労働価値不生産説」(通説)…………… 73

1　生産的労働の本源的規定に基づく観点　74
　　　2　生産的労働の資本主義的形態規定に基づく観点　75
　　　3　従来の見解の一面性を克服しようとする論議の展開　76
　2　1970年代〜80年代の「サービス労働価値生産説」(反通説・拡張説)… 77
　　　1　サービスの実体をめぐる相異なる諸見解　78
　　　2　飯盛信男の新展開　79
　3　1970年代〜80年代の「サービス労働価値不生産説」(通説)の新展開… 81
　　　1　「物質的生産的労働価値形成説」を新たに補強する見解　81
　　　2　マルクスの2つの規定に基づく新たな見解　83
　　　3　マルクスの2つの規定に準ずるサービスへの明確な把握　85
　4　1980年代以降の「サービス労働・労働力価値形成説」(第3の説)… 87
　　　1　第3の説の特徴　87
　　　2　第3の説の主要論点　88
　むすび ………………………………………………………………………… 90

第5章　マルクスの労働価値論に基づく中国のサービス論争 …………… 93
　1　1950年代中後半〜60年代中期──問題模索の時期 …………………… 94
　2　1970年代末〜90年代初期──物質生産的労働価値論を堅持する時期 … 96
　3　1990年代初期〜2002年──サービス価値形成論を強調する時期 …… 100
　4　2002年〜今日──分析・総括する時期 ……………………………… 107
　むすび ………………………………………………………………………… 110

第6章　単純再生産の条件下でのサービス表式の確立 ……………………… 113
　1　サービス部門の再生産表式における位置づけ ……………………… 114
　　　1　サービス部門の再生産表式における位置づけをめぐる論争　114
　　　2　「生産関連」と「消費関連」の取り扱いをめぐる論争　116

  3　サービス部門の物的活動手段(不変資本に準ずる)の
   補塡をめぐる論争　117
  4　資本家階級と労働者階級のサービス需要の担い手の
   取り扱いをめぐる論争　119
  5　まとめ　120
 2　サービス再生産表式の成立 ··· 122
  1　サービス単純再生産表式の成立　122
  2　サービス表式確立の意義　128

第Ⅲ部　軍事サービスに関連する軍需産業をめぐる諸展開

第7章　再生産理論における軍需生産の位置づけ ··································· 137
 1　軍需品生産部門の再生産理論への導入 ·· 137
  1　マルクスによる社会総生産物の分割規定　137
  2　軍需生産の特性　138
 2　軍需品生産部門の位置づけ ··· 139
  1　導入否定説　139
  2　第三部門説　140
  3　第二部門説　141
 3　軍需品の価値負担部分について ·· 146
  1　ローザのv部分による負担の見解　146
  2　山田らのm部分による負担の見解　148
  3　守屋らのv, m両方による負担の見解　148

第8章　単純再生産の条件下での軍需表式の確立 ··································· 151
 1　軍需再生産表式の確立 ·· 151
  1　マルクスの基本表式　151

　　　　2　山田盛太郎の軍需表式　152

　　　　3　新たな軍需表式　154

　　2　軍需表式確立の意義 ……………………………………………………… 156

　　　　1　軍需表式による結論　156

　　　　2　ケインズ派主張の誤り　158

　　　　3　軍需表式確立の意義　160

第9章　軍需生産の民需転換による経済発展への影響 …………………… 163

　　1　軍需表式による軍需生産転換の分析 ………………………………… 163

　　2　現代における軍需生産の拡大による経済への破壊 ………………… 167

　　　　1　冷戦期におけるアメリカ経済減速の主な原因　167

　　　　2　軍備競争による旧ソ連の崩壊　170

　　3　冷戦後の世界軍縮の動向 ……………………………………………… 171

　　4　軍縮による軍需生産の民需生産への転換 …………………………… 173

　　　　1　米国における「軍転民」の実践　173

　　　　2　旧ソ連における「軍転民」の試み　174

第10章　中国における軍需生産転換の見通し ……………………………… 177

　　1　中国における軍需生産の量から質への転換 ………………………… 177

　　　　1　軍需生産の位置づけの変化　177

　　　　2　軍需生産の量から質への転換　178

　　2　転換における潜在的な負荷作用 ……………………………………… 181

　　　　1　軍需表式に基づく軍需生産における技術進歩の実質　182

　　　　2　現代における軍需生産の特徴　186

　　　　3　核抑止論の誤り　189

　　3　軍需生産の転換過程における原則 …………………………………… 190

　　　　1　科学技術進歩の積極的な推進　190
　　　　2　軍事技術の民需産業への利用　192
　　　　3　軍事技術への投資制限　193
　　むすび ……………………………………………………………………193

終　章　諸論点のまとめと展望 ……………………………………………197
　　1　産業３分類のサービス規定とマルクスのサービス規定との
　　　　区別と関連 …………………………………………………………197
　　2　消費関連サービス業と軍需産業との比較 ……………………………198
　　　　1　共通点について　198
　　　　2　相違点　199
　　3　中国の第３次産業の展望──消費関連サービスと
　　　　軍事サービスを中心にして ………………………………………200

参考文献

刊行によせて　　　　　　　　　　　　　　　　　　　　宮　川　　彰

　　　　　　　　　　　　　　　　　　　　　　　　　　　装幀：高須賀優

序　章　第3次産業の発展と研究

1 世界中に広がる第3次産業の発展

　第2次世界大戦後，特に1970年代から各国の第3次産業のGDPに占める比率は上昇し続けている。世界銀行の統計によると，世界全体の第3次産業のGDPに占める比率は，1980年の55.4％から1998年の63.4％に上昇した。なかでも先進諸国はさらにこの比率を超えている。2000年にアメリカは72.0％を記録し，日本は66.0％に達した。一部発展途上国も50％に近づき，またはそれを超えてきている。韓国は49.9％にあり，シンガポールは64.9％に達した。[1] 2005年には全世界の第3次産業のGDPに占める比率が68％になった。低所得国は50％に，中等所得国は51％に，下中等所得国は48％に，上中等所得国は61％に，高所得国は71％に達成した。以上のデータから，国民の平均所得が高まるのに比例して第3次産業の比率も高まっていることが分かる。

　中国において建国後長いあいだ，生産力は低い水準にとどまっていたために，第3次産業の発展の遅れが目立つようになっていた。そして，学界でも第3次産業について十分な検討が行われていなかったために，政策面で第3次産業の発展を促進する施策の提言に十分寄与できない状況にあった。1990年代に入ると，中国経済の顕著な発展に牽引されて，第3次産業も目覚ましい発展を遂げた。第3次産業に対する認識の変化も現れている。

1）『国際統計年鑑』（中国版2000～2002年）による。

1992年6月16日に中共中央，国務院は「第3次産業の発展を促進する規定」を発表し，「……国民経済と社会発展の要求に従って，第3次産業を全面的に，急速に発展させなければならない」と第3次産業の重要性を提起した。さらに江沢民総書記は，「正しく認識する社会主義現代化建設における若干の重大関係」の講話において「第3次産業の振興と発達は現代経済の重要な特徴の1つである」，「経済発展に従って，産業構造の改善とレベルアップを果たしつつ，徐々に社会的生産力水準に相応しい第1，2，3次産業の合理的な構造を形成する。これは各国経済発展の普遍的趨勢である。わが国にとっても例外でない」と明白に述べていた。

　第3次産業を速やかに発展させる政府の姿勢が明らかになって以来，中国の第3次産業は急速に成長し始めた。2004年に中国の第1回経済センサスが行われた。この調査結果によると，中国の各産業の構成は第1次：13.1％，第2次：46.2％，第3次：40.7％であった。このように中国の第3次産業も近年になってGDPに占める比率は40％を超えたことが確認された。[2]

　中国政府が第3次産業について積極的な政策をとるのは，以上のような経済面からの理由・意図に基づくこと以外に，別の社会事情を背景とした動機づけもある。改革以来30数年の中国の急速な経済発展の中で2つの深刻な問題が目の前に現れ出ている。1つは，貧富の格差が拡大するとともに多くの利害対立・軋轢や衝突など社会問題が頻出している現実がある。この問題に直面して，胡錦濤・温家宝指導部は「調和のとれた社会を作ろう」と呼びかけた。その解決方法の1つとして，第3次産業（特にサービス業）をいっそう発展させ，雇用を拡大させて，貧困層の失業問題を解決しようという方針である。もう1つは，数十年の急激な発展にしたがって環境破壊が深刻化し，今後の持続的な発展への制限に直面する状況になっているという懸念を背景として，汚染が多い第2次産業を抑え，クリーン

2）　陳憲・程大中・殷鳳主編『中国服務経済報告 2006』経済管理出版社，2007年4月，3ページ。

な第3次産業の発展を促進する動きを強めている，という事情である。

　本論文の第Ⅱ部において詳しく述べるように，現代の産業分類によって定義された第3次産業とは，第1，2次産業以外のすべての部門を含んでいる。先進国の経験から見れば，第3次産業の発展は第1，2次産業が十分に発展，成熟し，国民所得が高まったあとに実現したものである。多くの先進国は高度の工業化を進めてから，第3次産業の発展は徐々に第1，2次産業を追い超してGDPに占める比率が最高に達した。ところが，今日の中国は世界第一の人口を有する大国でしかも半分以上が農業人口に占められる経済発展途上国である。工業化さえまだ十分に成熟していない段階であり，平均国民所得も低いレベルにとどまっている。このことを考慮すれば，第3次産業の発展を先進国の1つの徴候として受け入れ，先進国を模倣して，政府によって人為的に第1，2次産業よりも速く発展させようとする考え方は果たして適切であるのかという問題については疑問を投げかけざるをえない。少なくとも不十分であると考えている。では，経済理論面からこの政策をどう捉えるべきなのか。本論文はこの論点を1つの焦点として検討を試みたい。

2　理論界における第3次産業の研究

　第3次産業が顕著に発展している現象，いわゆる経済サービス化の時代を背景として，理論界では第3次産業に関する研究も盛んになった。第3次産業の研究とはいえ，主にサービス論の研究である。サービスに関する理論的研究を遡ってみるならば，18世紀の古典派から始まってもう300年を経たことになる。多数の研究者たちの成果が積み重ねられてきたが，学派や研究の方法論や目的の違いが多様に分岐し，今日までも一致する意見になっていない。

　焦点となるのはまず「サービス」という概念に対する分岐である。大き

く分けてみれば，現代経済学ではサービス概念を広い範囲で理解し，すなわちその広義をとって，おおむね第3次産業と同一視する立場に立っている。これに対して，マルクス経済学では第3次産業の多様性，複雑性を重視し，サービスを第3次産業の一部分として，すなわちその狭義のサービス概念が持つ特性を研究すべきことを強調している。本論文は，まず現代経済学による広義のサービスとマルクス労働価値説に基づいて規定した狭義のサービスとについて区別と関連をはっきりさせ，先行の研究者たちの研究を踏まえて，第3次産業そしてサービス業を検討したいと考える。

　第3次産業について，マルクス経済学理論の立場をとる研究は旧ソ連や日本，そして中国で実績が積まれてきた。日本と中国ではこの論争について今日までなおも議論が続いている。たとえば，サービスに関して，日本では1960年代に国民所得論の理論的基礎としての生産的労働をめぐる研究から始まり，1970年代以後サービス労働の価値生産説と価値不生産説とのあいだの論争が展開され，1980年代以後サービス労働・労働力価値形成説をめぐる議論に推移している。中国でも1949年の建国後，マルクスの労働価値論に立脚した第3次産業をめぐる論争は4回あった。特に改革開放以後，第3次産業の急速な発展にしたがって，1980年代の「生産労働」に関する論争と1990年代の「価値創造源泉」に関する論争が激しかった。2002年に江沢民総書記が中共中央会議において「新しい歴史条件のもとで，労働と労働価値論の認識と研究を深化すべきである」と提起した後，新たな労働価値論の研究と検討が開始された。その研究の中では第3次産業（特にサービス業）に関する論争は焦点の1つになったのである。中日両国の研究動向は，同じマルクス理論の方法的立場に立つ前提のもとで，その研究動向・成果に関して，重なる観点も少なくないが，国の実情の違いによって，すなわち日本は先進的資本主義経済であり，中国は社会主義市場経済である現状を背景として，異なる考えを持つところもある。

　周知のように，マルクスの労働価値理論と社会総資本の再生産理論は，生産的労働に関して社会的総生産物の実現と総資本の補填について科学的

序　章　第3次産業の発展と研究

に論じたものである。この理論に基づいて第3次産業を分析し表式に組み込むことは明快にできると思われて，多数の学者がここから着手しようとした。しかし，現実の問題と理論的視角との間の接合が合わないところが多くあるために，現実の諸現象に傾斜して，理論をその現実に合わせる要求をすることで，結局自己矛盾に陥ってしまうケースがしばしば生じた。理論は本質的なものを啓示する役割を持つ。理論を使って，現実を説明し，今後の発展が予想できることは，もっとも必要で重要な点である。そこに，マルクスの理論を利用し彼の独特な問題分析方法を学ぶ意義がある。

　マルクスは，『資本論』において資本主義経済問題を分析したが，社会主義経済問題についても洞察し予想した。しかし，具体的に論述しなかったために，そしてまた，その後の世界史における社会主義のさまざまな実践的な歴史的経験をもとにして，理論界では社会主義経済発展についていろいろな解釈や議論が行われ，当面それらが収束一致する見通しはない。1990年代以後，世界中に社会主義は失敗したという風潮が強まる中で，中国はマルクス経済理論を発展させ，自国の経済発展水準に相応しい，独自な社会主義市場経済の実現を掲げ実行してきた。まだ十数年しか経っていないが，中国経済発展は，毎年平均9％以上の発展スピードで世界を驚かせている。この歴史的実績も理論上の関心を集めるのに寄与したのである。

　中国は第3次産業の飛躍期を迎えようとしている。この時期に，第3次産業の本質を理論面で掘り下げ，現実面で先進国の経験を参考にし教訓を汲み上げつつ，自国の状況をよく踏まえた，事態に適応した政策を打ち出していくことが重要であろう。2008年は中国の改革開放の路線を踏み出してからちょうど30年になる。かつての「石を手探って川を渡る」時代（鄧小平の言葉）から「橋を作って川を渡る」時代へ転換するべきである。持続的な発展を実現するために政策を構築することが肝要である。

　本論文は全体を以下3部に分けて上述の関心点について論述する。それは以下のとおりである。

　第Ⅰ部（第1章〜第2章）においては，まず3つの産業分類の提起から

着手し，この３つの産業分類は各国に普及採用され，各国の産業分類作成の基礎となった。その受容の変遷と成果とを考察したうえで，３つの産業分類の意義とその問題点を指摘する。そして，第３次産業の複雑さを確認したうえで，第３次産業（広義のサービス業）について４つの区分を提起する。すなわち，それは，「生産関連サービス」，「流通関連サービス」，「消費関連サービス」と「公的サービス」である。

第Ⅱ部（第３章〜第６章）においては，マルクスのサービス規定を検討し，広義のサービス業との比較によって，マルクスの規定したサービスは広義のサービスの４つの部分の中の消費関連サービスであることを示すものである。そして，日本と中国におけるマルクスの労働価値論に基づくサービス論争を検討し，消費関連サービスの性格を明確にする。その後，消費関連サービスの単純再生産表式をマルクスの労働価値論と再生産理論に基づいて作成し，消費関連サービスの社会的再生産過程における位置づけ，およびそれが第１，２次産業の発展に依存するという特徴を強調する。

第Ⅲ部（第７章〜第10章）においては，軍事サービスに関連する軍需生産部門を取り出し，検討する。軍需生産部門の生産物は通常，国家によって購買され，施設・国土の破壊や人間殺戮の手段として消費されるという特徴を持つために，社会的再生産表式の中での位置づけや存在の影響などについて検討する。特に軍事技術の向上による潜在的な軍需拡大の傾向のメカニズムを分析し，中国の軍事拡充の量から質への転換（現代化）についてそのリスクの可能性を指摘する。

最後には，今日の中国は，社会主義市場経済を運営している中で，先進の資本主義国の第３次産業の発展，すなわち生産力の高まりに伴う第３次産業の発展というパターンと異なり，政府によって人為的に，積極的に第３次産業を発展させようとする姿勢が明らかである。それに対して，筆者は第３次産業の複雑さを再び強調し，今後の中国における第３次産業の発展の見通しについて提言したい。

第Ⅰ部　産業分類をめぐる諸展開

第1章　産業分類について

　今日，世界中で普及している3つの産業分類とは一国の産業全体を大まかに，第1次産業，第2次産業，第3次産業という形で分類・整理する方法である。この分類方法は経済活動の全体を人類生産活動の発生，発展の歴史順位によるものであり，現代の経済学者が産業構造の研究を行う際に最も重要となる分類方法の1つである。

1　産業分類の提出

　経済学界において，3つの産業の考え方を確立したのは，主としてアラン・G・B・フィッシャー，コーリン・クラーク，ジャン・フーラスティエの著作であると認知されている。

1　フィッシャーによる産業分類の提起
　1930年代初め，イギリスの経済学者アラン・G・B・フィッシャーは第1次産業と第2次産業だけでは社会で営まれるすべての経済活動が網羅されていないことを意識し，第1次産業と第2次産業以外の経済活動を全部一括して第3次産業と呼ぶことにした。その後，彼は当時のイギリスとオーストラリアの経済雑誌で数篇の論文を発表し，そこで第3次産業の概念を最初に提起した。さらに彼は第3次産業の本質とはサービスを提供することであると指摘した。そして，1935年に彼の代表作『進歩と保障の衝突』を出版した。この本の中で，彼は3つの産業分類方法について，世界経済の歴史の視点から，理論的な分析を行った。要約すれば，次のように

指摘した。世界経済発展の歴史を見れば，人類の生産活動の発展には３つの段階があった。第１段階では，生産活動は主に農業と牧畜業が中心であった。現実に今日でも世界の多くの地域は，まだこの段階にとどまっている。第２段階では，大規模な工業生産の急速な発展に特徴があった。紡織，鋼鉄と他の製造業の商品生産は，就業と投資に多くの機会を与えていた。この段階の始まる時期を確定するのは容易ではないが，イギリスでは18世紀の産業革命以後この段階に入ったと見ることができる。第３段階は，20世紀初頭から始まった。その段階において，大量の労働と資本は，第１段階と第２段階の既存の産業分野に継続的に流入するだけでなく，旅行，レジャー，芸術，保健，教育と科学，政府など広範囲な新しい産業分野にも流入し始めた。そのために，第１段階の生産分野に相当する産業は第１次産業であり，第２段階の生産分野に相当する産業は第２次産業であるとするなら，第３段階の活動に当たる産業は第３次産業とみなされる。

　フィッシャーは，３つの産業分類方法は提起したが，それらの規則性をまとめることはできなかった。イギリスの経済学者，統計学者であるコーリン・クラークはフィッシャーの研究成果を踏まえて1940年に『経済進歩の諸条件』の第１版を出版した。彼は３つの産業分類方法を使用し，経済発展と産業構造変化との間にその照応関係の規則性を究明した。これによって，産業構造理論の応用研究が開拓されていき，３つの産業分類方法も次第に普及されていくようになった。このために，３つの産業分類方法は，多くの場合にクラークの名前と繋がって，クラーク産業分類法と呼ばれている。

２　ペティ―クラーク定理

　ペティ―クラーク定理は，経済発展の過程における産業構造の変化をめぐる経験的な学説である。クラークは，この定理を17世紀のイギリス古典派経済学者ウィリアム・ペティの研究成果に基づいて，一定の収入水準のもとでの就業人口の産業間における変動を計算，比較したうえで提起した。

第1章　産業分類について

　ペティは，当時のオランダの状況を見て，農業より製造業が，製造業より商業の方が利得が多いために，経済が発展するにつれて労働力人口は農業から製造業へ，製造業から商業へ移動する傾向にあると指摘した。クラークは，自分の発見がただペティの1691年に提起した観点を証明したものであるにすぎないことを認識していた。そのための後継者はこの関係を受け止めて，ペティ―クラーク定理と呼ぶようになった。

　クラークは，国民経済全体を3つの主要な部門，すなわち今日3つの産業分野と広く知られている，農業——第1次産業，製造加工業——第2次産業，サービス業——第3次産業と分割した。

　農業（第1次産業）は栽培業のほかに，牧畜業，狩猟業，漁業と林業が含まれている。この部門の特徴は，すべての業種が直接に自然資源の使用に依存することである。

　製造業（第2次産業）は，直接に自然資源を使用せず，大量的に，連続的に運輸できる製品を生産する過程であると定義される。製造業の基本的な性質は，その素材と製品を必要するならば，遠距離で運輸できることである。ここでは，大量な資本投資と高度な組織が要求される。

　サービス業（第3次産業）は，多種類の様々な活動によって形成される。クラークはこれをサービス部門と呼んでいた。この部門は建築，運輸と通信，商業と金融，専門サービスの提供（たとえば教育，衛生，法律など），公共行政と国防および対個人サービス業などが含まれている。また，サービス業は目的によって直接に最終購買者（消費者，投資者と政府）に提供するサービスと，他の生産過程を助けるために使用されるサービス（たとえば商品運輸，卸売業および商業目的を持つ乗客の旅行と旅館提供など）との2つに分けられている。

　クラークは，国家の統計資料を若干収集し，整理したうえで，国際比較と時系列分析を行って，次のような結論を出した。時間の推移と社会の経済面でさらに先進になるにしたがって，農業に従事する人数は製造業に従事する人数に対して減少する傾向があり，製造業に従事する人数はサービ

11

ス業に従事する人数に対して減少する傾向がある。さらに、クラークは労働力が産業間において変化移動する原因は経済発展中に各産業間にその収入の相対的な相違が生じたためであると考えていた。このために、ペティ―クラーク定理は以下のようになる。経済の発展、1人当たりの国民収入水準の高まりによって、労働力はまず第1次産業から第2次産業へ移動する。1人当たりの国民収入水準がさらに高まると、労働力は第3次産業へ移動する。労働力の産業間の分布状況は、第1次産業は減少し、第2,3次産業が増加するのである。ペティ―クラーク定理は3つの産業間における労働力分布変遷の規則性を指摘するものである。この規則性は、経済発展にしたがって国民収入水準を高めるうえで生じるものであることは明らかである。経済全体の生産力水準を無視し、人為的に第3次産業を優先的に発展させようとするなら、経済全体をアンバランスにしてしまうことも予想できるであろう。

3　同時代における他の学者の3つの産業分類

フィッシャーの1935年における3つの産業分類の提起から、クラークの研究による理論的確立の後、3つの産業に対する研究は、1965年までに最初のブームを迎えていた。この時期は第3次部門という概念が十分な発達を遂げた時期であるといえるであろう。以下はその時期の論者たちの分類を整理したものである[1]。

この表1-1を見て分かるのは、当時の学者達は製造業について共通して第2次産業、あるいは工業であると認めている。建設業についてクラーク（1957年）以外の学者は第2次産業（工業）に含める。今日と違って、公益事業についてクラーク（1957年）以外の学者は第2次産業と認識している。運輸業、通信業はクズネッツ（1966年）の認識を除いてすべての学

---

1) J-C・ドゥロネ、J・ギャドレ、渡辺雅男訳『サービス経済学説史　300年にわたる論争』桜井書店、2000年、141ページ。

第1章　産業分類について

表1-1　産業分類の諸見解

部門	フィッシャー 1935	クラーク 1942	クラーク 1957	フーラスティエ 1959	クズネッツ 1957	クズネッツ 1966	ソーヴィ 1949
製造業	第2次	第2次	工業	第2次	工業	工業	職業に基づく分類
建設業	第2次	第2次	サービス	第2次	工業	工業	
公益事業	第2次	第2次	サービス	第2次	工業	工業	
運輸業	第3次	第3次	サービス	第3次	サービス	工業	
通信業	第3次	第3次	サービス	第3次	サービス	工業	
商業	第3次	第3次	サービス	第3次	サービス	サービス	
サービス	第3次	第3次	サービス	第3次	サービス	サービス	
政府	第3次	第3次	サービス	第3次	サービス	サービス	

者によって第3次産業（サービス）と捉えられている。そして，商業，サービス（狭義），政府の部門については，一致して第3次産業（サービス）として取り扱われている。

　さらに，この表の中で注目すべき点は2点ある。1つは，クラークとクズネッツとによる分類の変更である。クラークは1942年に建設業と公益事業を第2次産業としたが，1957年になると，それらをサービス分野に区分し直したのである。クズネッツは運輸業と通信業を1957年にサービスに入れたが，1966年には工業に入れ替えたのである。もう1つは，分類の部門において公益事業と政府とが並記されていることである。今日では，公益事業とは政府によって実施されるものであるために，一緒にする場合が多い。

　これらの分岐対立によってわかるのは，3つの産業分割，特に第3次産業の中の分野について学者達は最初から意見が違っていた。同じ研究者でも，時間を経て，研究を重ねていくとその考えも変わっている。そして，特にサービスに対して，分類ばかりでなく，その理解も一致していない。その原因を究明しようとするなら，3つの産業分類自体に問題があると考えられるし，産業分類について1つの統一的な基準が必要であることを示しているのではないだろうか。

理論上の分岐はさらに実践的な側面に影響を及ぼしていく。3つの産業分割に基づく各国の産業分類は不十分さを残しており，そのため国民経済計算はそんなに厳密なものにはなっていない。

2　各国の産業分類の実践

　学説上に積み重ねられてきた産業分類の方法を基礎にした政策や統計上の適用例は，国際連合，日本および中国において，次のようになっている。

1　国連の標準産業分類

　標準産業分類は，各種の統計間の比較可能性を確保するために，統計調査の対象となる各種産業の標準的な分類体系を定めた統計基準である。国際的には，1948年に国際連合の統計委員会により国際標準産業分類（ISIC）が設定された。各国においても，統計の国際比較を可能にするために，産業分類をできるだけISICに準拠して作成するよう配慮がされている。1971年に発表した国際標準産業分類を例として見ると，経済活動全体を大，中，小，細と4つの項目を分けた。主に10個の大項目がある。各大項目の下に若干の中項目を設定し，各中項目の下にまた若干の小項目を設定し，各小項目の下にまた若干の細項目を設定している。国連の10大項目は次のとおりである。

　⑴農業，狩猟業，林業と漁業，⑵鉱業と採石業，⑶製造業，⑷電力，ガス，水道業，⑸建設業，⑹卸売と小売，飲食と旅館業，⑺運輸業，保管業と郵政電信業，⑻金融業，不動産業，保険業および商業性サービス業，⑼社会団体，社会と個人サービス，⑽分類不可能なほかの活動。

　この10の分類は第1次産業，第2次産業，第3次産業の3つの部分に分けられる。すなわち，⑴は第1次産業で，⑵から⑸は第2次産業で，⑹から⑽は第3次産業である。

第1章　産業分類について

この分類で注目すべきところは次の3点である。①「(4)電力，ガス，水道業」を第3次産業ではなく，第2次産業に属させていること。②「(7)運輸業，保管業と郵政電信業」を第3次産業に属させていること。③「(10)分類不可能のほかの活動」には，多くの分野が含まれていること。すなわち，(1)〜(9)による明確にされた分野以外の全部を含ませている。

2　日本標準産業分類の最新改訂

日本における標準産業分類は，国連のISICに準拠する形で作成されている。最初の日本標準産業分類は1949年に完成された。その後，改訂が重ねられ，2007年の改訂を含めて12回の改訂が行われた。最新の2回の改訂は2002年と2007年である。この2回の改訂は，日本の産業構造発展の実状により近づけたものとみなされて，幅広い改訂となっている。

(1)　2002年日本標準産業分類の11回目の改訂[2]

2002年3月に，日本の総務省は，①情報通信の高度化，サービス経済化の進展等に従う産業構造の変化への適合，②統計の継続性に配慮しつつ，統計の利用可能性を高めるための的確な分類項目の設定と概念定義の明確化，③産業に関する国際的な分類との比較可能性の向上等の観点を踏まえ11回目の改訂を行った。

日本標準産業分類によると，この分類は大分類，中分類，小分類および細分類から成る4段階構成であり，その構成は大分類19，中分類97，小分類420，細分類1269となっている。19の大分類は次のとおりである。

A：農業　B：林業　C：漁業　D：鉱業　E：建設業　F：製造業　G：電気・ガス・熱供給・水道業　H：情報通信業　I：運輸業　J：卸売・小売業　K：金融・保険業　L：不動産業　M：飲食店・宿泊業　N：医療・福祉　O：教育・学習支援業　P：複合サービス事業　Q：サービス業（他に分類されないもの）　R：公務（他に分類されないもの）　S：分類不能の産業

2）「日本標準産業分類（平成14年3月改訂，平成14年10月調査から適用）」による。

上の分類中にあるQのサービス業には，旅館・下宿などの宿泊設備，広告業，自動車修理などの修理業，映画場どの興行業，医療・保健業，宗教・教育・法務関係業，その他営利団体などを含む。

　日本の産業分類は次のようになる。

第1次産業：A～C（農，林，漁業）

第2次産業：D～F（鉱，建設，製造業）

第3次産業：G～S（電気・ガス・熱供給・水道，情報通信，運輸，卸売・小売，金融・保険，不動産，飲食店・宿泊業，医療，福祉，教育，学習支援業，複合サービス事業，サービス業（他に分類されないもの），公務（他に分類されないもの），分類不能の産業）

　この分類は，以下の特徴を持っている。①「G，電気・ガス・熱供給・水道業」を国連の分類と違って，第3次産業に属させている。②狭義のサービス業を「P，複合サービス事業」と「Q，サービス業（他に分類されないもの）」を分け，サービス業の複雑さに踏み込んで分けている。③「R，公務（他に分類されないもの）」はサービス業に含めずに，第3次産業の1つの独自な分野としている。

(2) 2007年11月に行われた日本標準産業分類の12回目の改訂[3]

　2007年9月14日に，統計審議会は，日本標準産業分類の改訂を答申した。この改訂は12回目となる。

　その改訂は，いまやサービス業がGDPの約70％を占めるに至っていることに見られるように，前回改訂（2002年3月の11回目）以降も続く経済活動のサービス化の流れを受けて，サービス業に関する2つの大分類を新設する一方，農業と林業の大分類を統合するなど，大規模な改訂となり，産業構造の実態を統計上でより的確に把握しやすいものとなっている。

　具体的には，従来，「サービス業（他に分類されないもの）」として包括

3）　総務省ホームページ，2007年9月14日報道資料，「日本標準産業分類」の改定を答申――経済活動のサービス化に対応。

第1章　産業分類について

的に取り扱われていた産業を取り出した大分類「学術研究，専門・技術サービス業」及び「生活関連サービス業，娯楽業」を新設し，インターネットによる通信販売の興隆にともなう中分類「無店舗小売業」を新設し，また，2007年10月の郵政事業民営化にともなって旧大分類「運輸業」の「運輸業，郵便業」への変更などを行っている。

　総務省では，この答申を受け，11月中の告示に向けて手続きを進めることとしており，新たな産業分類が速やかに社会に浸透し，多くの統計調査で活用されることにより，産業構造のより的確な把握をめざしている。

　日本標準産業分類の最近2回の改訂は，共に第3次産業，特にサービス業の急速な発展に応じるものと思われる。特に12回目の改訂において「生活関連サービス業」を1つ大分類として掲げたことは，この部分に関する産業が著しく発展している現状を受け止め反映させたものである。郵政事業の民営化によって大分類「運輸業」から「運輸業，郵便業」へ変更された点は今後の注目点である。特にその動向は，中国の国営事業の民営化改革構想の先例としての意義を持っているであろう。

3　中国の産業分類とその変化

　日本と同様に中国においても産業分類の修正が重ねられてきた。

(1)　1985年の中国における産業分類[4]

　1985年に中国は世界の統計計算に合わせるために，3つの産業分類方法の必要性を認識し，3つの産業分割方法を提起した。

　第1次産業：農業（林業，牧畜業，漁業が含まれる）

　第2次産業：工業（採掘業，製造業，水道，電気，ガスなど）と建設業

　第3次産業：第1次，第2次産業以外の活動

　第3次産業に関しては，2つの部分に分けられる。すなわち流通部門と

---

4)　国務院「国家統計局による第3次産業統計の確立に関する報告」『人民日報』1985年5月4日。

サービス部門である。さらにサービス部門は具体的に3つの細部分に分け、計4部門を設けている。

　第1部分：流通部門である。ここには交通運輸業，郵政電信業，さらに商業飲食業，物資売買と保管業が含まれる。

　第2部分：生産と生活のためにサービスを提供する部門である。ここには，金融業，保険業，観光業，公共事業，不動産業，情報サービス業などが含まれる。

　第3部分：科学文化水準と人民の素質を向上させるためのサービス部門である。ここには，教育，文化，放送（ラジオ，テレビ）業，科学研究事業，医療，体育と社会福祉事業などが含まれる。

　第4部分：社会公共需要の対象となるサービス部門である。国家機関，政党機関，社会団体および軍隊と警察などが含まれている。

　この分類の特徴は，①水道，電気，ガス業を第2次産業に入れている，②第3次産業の中で産業の性格の相違によって4つの細部分を設けた，という2点である。しかし，この内部分類は曖昧なところが多い。たとえば，第2部分を「生産と生活のためにサービスを提供する部門」とするならば，第1部分の各部門を入れることもできる。そして，第2部分の金融業，保険業などは通常流通部門に属される。また「公共事業」は第4部分に入れてもおかしくない。これらの問題点は，当時の第3次産業への認識がまだ不十分であったことの現れであり，その後の改訂が求められた。

(2)　2003年の産業分類の改正[5]

　2003年から，中国は新しい方法を採用し，3つの産業分類を改定した。それは20大類，98小類を設定するものである。

　A：農，林，牧畜，漁業　B：採掘業　C：製造業　D：電気，ガスと水道の生産と提供業　E：建設業　F：交通運輸，倉庫業と郵便業　G：情報通信，コンピュータサービスとソフトウェア業　H：卸売と小売　I：

5）『経済日報』（中国版）2003年5月23日。

宿泊と飲食業　J：金融業　K：不動産業　L：賃貸と商務サービス業　M：科学研究，技術サービスと地質踏査業　N：水利，環境と公共設備管理業　O：住民サービスと他のサービス業　P：教育　Q：衛生，社会保険と社会福祉業　R：文化，体育と娯楽業　S：公共管理と社会団体　T：国際団体

　　第1次産業：A（農，林，牧畜，漁業）
　　第2次産業：B〜E（採掘業；製造業；電気，ガスと水道の生産と提供業；建設業）
　　第3次産業：F〜T（交通運輸，倉庫業と郵便業；情報通信，コンピュータサービスとソフトウェア業；卸売と小売；宿泊と飲食業；金融業；不動産業；賃貸と商務サービス業；科学研究，技術サービスと地質踏査業；水利，環境と公共設備管理業；住民サービスと他のサービス業；教育；衛生，社会保険と社会福祉業；文化，体育と娯楽業；公共管理と社会団体；国際団体など）。

　新しい分類は旧規定よりもはるかに具体的な分類となっている。このことは中国の経済発展を反映している。そして以前と同じように電気，ガスと水道業を第2次産業と扱っている。これは国連の分類と一致している。

3　産業分類の意義とその問題点について

1　産業分類法の意義

　産業分類は積極的な意義を持っている。
　第1に，産業分類は経済発展の実状を研究したうえで提起されたものである。労働力の産業間の移動という傾向を分析することによって，3つの産業の発展の行方を示すことができた。このことは積極的前進面であると思われる。産業発展の規則的な動向が示されたために，この分類は，広範囲な関心を集めて，産業分類分析の研究を触発し推進した。これらの研究

によって生産力を発展させる諸条件，諸要因の理論研究をも前進させたところに意義がある。

　第2に，3つの産業分類は，経済活動の全体を経済活動の客観的序列と内的関係によって，第1次産業，第2次産業と第3次産業の3つに分割している。これは欧米，日本など先進国で通常に採用されている産業分類法である。その後，国連と先進各国は世界各国の産業分類を先進各国の産業分類と統一するために標準産業分類法を設定した。今日ではこの産業分類法は世界中で幅広く採用されている。この使用によって，各国の経済発展が比較できるようになり，その発展の実状やレベルもはっきりと認識することができるようになった。

　上述の理由で産業分類の提起は，学説上の産業構造認識の前進という点で積極的な意味を持っている一方で，現実の経済を発展させる政策実践への影響という点でも大きな意義を持っていると評価できるであろう。

　ところが，3つの産業分類法は，重要な意義を持つにもかかわらず，その産業分類の方法という点においていくつかの問題点が残されている。

2　産業分類法の問題点
(1)　第3次産業の範囲について

　上述のクラーク産業分類法によれば，第1次産業，第2次産業以外は，第3次産業に包含されてしまう。しかし，この区分は問題を残す。特にクラークの産業3分法は，経済発展に従う産業部門の増加という現実を背景に，問題点を顕在化させるであろう。すなわち，これは，第3次産業における数多くの産業分野を無差別に同一視することに起因する問題である。

(2)　第3次産業提起の初期に残った問題点について

　実は，1935年から1965年にかけて第3次産業が最初に提起され産業分類研究の隆盛の局面を迎えた時（表1-1）に，3つの問題点が現れていた。

　第1に，1957年のクラークの見解を除いて，ほとんどの学者は第3次産業という言葉を使用しているが，サービスに対しての理解は個人サービス

第1章　産業分類について

だけに対応している。これはサービスの産業分類についての最初の認識であると見られる。これは今日の第3次産業の一部分にしか当たらない。

第2に，第2次産業と第3次産業の区分については，すべての論者が一致しているわけではない。建物や公的インフラストラクチャーの建設，ガス・水道・電気の生産と配給などがその区分の分かれる限界領域の活動として認められる。運輸業や通信業はその大部分が第3次産業として処理されている（例外は1966年のクズネッツ）。これによって区分の不確実性が生まれた。

第3に，1935年から1965年の時期にサービスをめぐって，その分類基準が，生産物に基づくのか，それとも労働に基づくのかという問題について，明確には議論されなかった。これらの問題は今日まで影響を及ぼし，未解決である。

(3)　同じ部門に関しての各国の分類上の相違点について

今日では，産業分類方法の違いによって，第3次産業の諸業種については大きな相違がある。たとえば，前述したように電気・ガス・水道業の取り扱いを例として，これらを第1次，第2次あるいは第3次（＝サービス）のいずれに区分するかで大きく見解が分かれている。国際連合の作成している国際標準産業分類（ISIC）および中国の産業分類では，これらを第2次産業として区分しているが，アメリカ，日本の標準産業分類では第3次産業（＝サービス）とし，ドイツの標準産業分類では第1次産業として扱われており，きわめて大きな違いが見られるのである。

加えて，現在では世界各国はGDPを計算する際に自国の需要によって，サービス業を修正したり，補充したりしたために，今日までも統一的な標準が決まっておらず，第3次産業の範囲に関する確定的な意見を持つに至っていない。

上述の問題点が残り，未解決のままであったために，第3次産業について後続する諸見解に混乱を生じさせ，論争が引き起こされることになった。これも3つの産業分類の不十分さを示したものである。

21

むすび

　以上の産業分類の議論を見てわかるように，第１次，第２次産業の区分については，大まかな観点の一致が見られる。学説上においても実践上においても最も分岐が大きいのは第３次産業である。

　日本の近年の２回にわたる標準産業分類の改訂の狙いも，主に第３次産業をめぐる改訂であった。たとえば，2002年の改訂は，1993年10月の改訂以降の情報通信の高度化，経済活動のソフト化・サービス化，少子・高齢社会への移行等に伴う産業構造の変化に適合するために行われた。そして，また2007年の12回目の改訂は，前回改訂以降も続く経済活動のサービス化の流れなどを受けて，GDPの約７割を占めるに至るサービス業の発展を踏まえて行われたものである。

　そして，中国の産業分類の新たな変化は，２点とも第３次産業に関する変化である。１つは，経済活動の性質により，農，林，牧畜，漁のサービス業は以前の第３次産業から第１次産業へ移転した点である。もう１つは，第３次産業の具体的な区分を取り消したことである。この２つの変化は次の理由に従うものであるといわれる。

　第１の変化は，農，林，牧畜，漁業に関連するサービス活動は農，林，牧畜，漁業の生産活動にとって不可欠であること，連続性がある生産的労働であり，しかも多くの活動は農民により担当されることを考えて規定したものである。

　第２の変化は，社会経済の発展に従って，４つの分割の曖昧さが浮かび上がり，分割の必要性に疑問が生じたことに起因する。この変化については，前回より前進したと評価することはできない。社会経済発展によって，第３次産業を分類するのは難しくなるとはいえるが，分類する必要がなくなるわけではない。重要なのは分割基準を正確に決めることである。

第1章　産業分類について

　日本と中国との産業分類に関する近年の改訂は，第3次産業への認識について各国でも変化が起こっていることを表している。特に軍事サービスと消費関連サービス業は独自な特徴を持っているために，政府と学界の認識は分岐しているにもかかわらず，一括に第3次産業と認識している。このように議論することは，問題になるであろう。このことから，ここでは，第3次産業に対して，1つの分割基準を設定し分類する作業を行う必要があるであろう。

第2章　第3次産業の分類について

　すでに指摘したように，第3次産業分類は実に大雑把で，包括的である。しかし，各国の産業分類はほとんどこの産業分類法を受け入れ，従うものであるために，世界経済の発展に伴って統計上では第3次産業の発展はますます目立つようになってくる。この状況を反映して，経済発展は「サービス経済化」と呼ばれるようになり，第3次産業は経済発展のエンジンとみなされる評価がますます強化されている。

　そもそもこういう考えをよく検討すると，次のような疑問が浮上するであろう。第3次産業の比率はどこまで上昇していけるのか，人類の生存条件である衣食住の産出に直接かかわる第1次産業（農業），第2次産業（製造業）による本来の物質的生産との関係はどうなるのであろうか，3つの産業分野の相互の間に一体どんな関係があるのであろうか。

　これらの問題を解決するために，まず第3次産業の内部をよく検討しなければならない。

1　第3次産業の内部についての最初の分割

　3つの産業を提起した学者たちは，第1次部門，第2次部門に対して，第3次部門（すなわち，今日の第1次産業，第2次産業に対する第3次産業）の内部検討を行っていた。J・シングルマンは，早くから第3次部門を4つの部分に分割していた。

　流通サービス：運輸，通信，商業
　生産者サービス：銀行業，事業サービス，不動産業

社会サービス：保険ケア，教育，郵便サービス，公共的で非営利的なサ
　　　　　　　　ービス
　　個人サービス：家事支援，ホテル，レストラン，旅行，修繕等。
　この分割を見て分かるように，第3次産業の中には多くの異質な分野の産業部門が共に並存している。そこには生産過程に属する部門，流通過程に属する部門，消費過程に属する部門も含まれている。そして，社会全体のための公的事業も含まれている。これらの部門を一括し，計算したり，性格を解明したりしようとすると，第3次産業は経済全体にどのような影響を与えるかという問題を正確に解明できなくなる。このような理解の中で，中国のような発展途上国にとって第3次産業の高度化という先進国の指標を無批判に導入し，雇用創出や環境問題の解決を模倣的に求めることは，危険であると考えられる。
　さらに，第3次産業を分割して分析すべきことが早期の学者にもすでに認識されていることもＪ・シングルマンの分類によって明らかであろう。それに，Ｊ・シングルマンの分類順位を新たに整理すると，生産者サービス，流通サービス，個人サービスと社会サービスとなり，彼は第3次産業を分類する1つの客観的な分類基準の事例を与えてくれた。すなわち，彼によると，それは生産，流通，消費（個人）と公的事業（社会）の形で分割されるべきだと理解されている。

2　日本による現代第3次産業の分類

　現代社会になって，第3次産業の内実の多様化という実状を受け，第3次産業の内部を細分類する研究もより前進している。特に先進諸国において，この研究は，さらに進んでいる。たとえば，日本では高度経済成長の進展に従って，日本の政府や学者たちは，第3次産業の分類について3つの方法を提起していた。

第2章　第3次産業の分類について

1　機能別分類

　日本において個々の部門が持つ経済的機能の側面からの分類（いわゆる機能別分類）は第3次産業の分類として最も一般的なものとして認識される。機能別分類の最初のものとしては，総理府統計局が1955年（昭和30年）国勢調査の解説の中で，雇用構造分析のために提案された3大分類がある[1]。それはA部門（生産関連），B部門（消費関連），C部門（その他）よりなる。すなわち，

　A部門には，金融・保険・不動産・運輸・通信・公益事業，対事業所サービス業・修理業などが含まれる。

　B部門には，卸売・小売業，対個人サービス業，娯楽業などが含まれる。
　C部門には，教育，医療，法務，宗教などの自由業が含まれる。

　この分類を見てわかるのは，戦後の日本政府は第3次産業に対して，生産関連サービスと消費関連サービスをはっきり分類していたが，流通関連サービスを生産関連サービスに入れており，それら両者の本質的な区別はまだ認識されていない。

　石崎唯雄は，前述の統計局分類案を加工した形で，第3次産業の5大分類を示している[2]。

(1)　物財関連事業所サービス，つまり，第2次産業の生産物と直接の関連を持ち第2次産業の産業活動を直接・間接に助けている産業であり，卸売業，倉庫業，貨物業・水運業・機械修理業などである。

(2)　物財非関連事業所サービス，金融・保険業，対事業所サービス，会計士そのほかの専門サービス業などを含む。

(3)　物財関連消費者用サービス，生活物質を直接消費者に販売する小売業，飲食店である。

(4)　物財非関連消費者用サービス，消費者に直接サービスを提供するも

---

1)　総理府統計局『日本の人口・昭和30年国勢調査の解説』1959年，169ページ。
2)　石崎唯雄「わが国第三次産業の特徴と問題点」『経済評論』1959年9月号。

のであり，旅客輸送，通信，教育，医療，理容，理髪，洗濯，旅館，映画，娯楽業などである。
(5) 公的サービス，国家目的のために提供されるものであり，公務員，警察官，自衛隊などが含まれる。

　石崎の分類は，当時の政府による分類によって作成されたものであるために，その生産関連サービスと流通関連サービスを同一とする点では変化はないが，物財関連サービスと物財非関連サービスとの分割，事業所サービスと消費者用サービスとの分割，そして公的サービスの単独な提起などは，政府の分類より一歩前進したものであると考えられるであろう。

　同様の手法で，『労働統計調査月報』1974年2号には，1970年産業関連表を用いた分類が示されている。すなわち，その分類は以下のようになる。
(1) 中間需要と国内総固定資本形成の割合が全産業平均以上のものを，「生産関連産業」として，その分類には，卸売業，銀行・信託業，道路貨物運送業，通信業，電気業，自動車整備・駐車場業などが含まれる。
(2) 民間消費支出の割合が全産業平均以上のものを，「消費関連産業」とし，その分類には，小売業，飲食店，娯楽業，教育，医療などが含まれる。
(3) どちらにも該当しないものを中間産業とする分類である。航空運輸，ガス・上水道・熱供給業などが含まれる。

　『労働統計調査月報』の分類は，より具体的な分割基準を設定したものであるために，現実の統計計算や国際比較などに役立つであろう。しかし，この分類は前述2種類の分類と同じ不十分さが残っている。すなわち，生産関連（対事業所）サービスと消費関連（対消費者）サービスを区分していたが，流通関連サービスを生産関連サービスから分離していないことである。

　さらに，総理府統計局が，1975年国勢調査結果の分析のために用いた次の手法がある。すなわち，それは第3次産業を公共サービス，事業所サービス，個人サービスに3大分割し，最後のものを生活関連サービスと余暇

第2章 第3次産業の分類について

関連サービスに分割し，これに物財関連産業と非物財関連産業の区分を組み合わせる方法である。

この方法で第3次産業を分割すれば次のようになる。

【1975年総理府統計局の方法による第3次産業の分類】

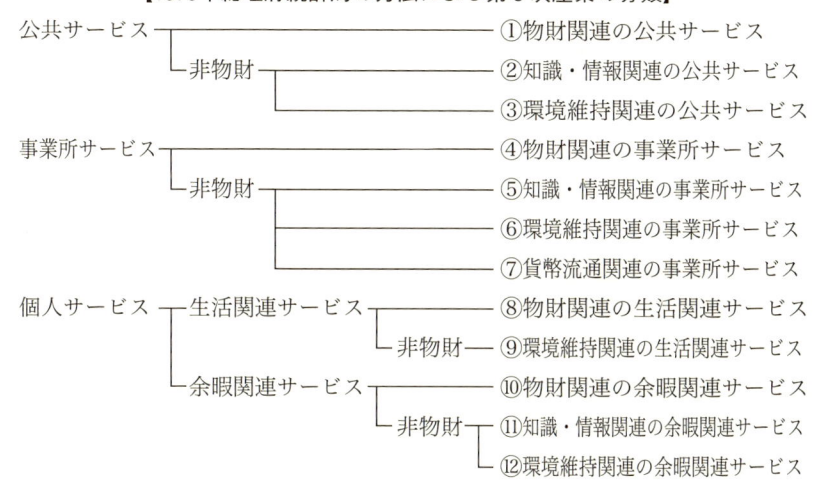

```
公共サービス ─────────────── ①物財関連の公共サービス
        └─非物財 ┬───────── ②知識・情報関連の公共サービス
                 └───────── ③環境維持関連の公共サービス
事業所サービス ─────────────── ④物財関連の事業所サービス
          └─非物財 ┬─────── ⑤知識・情報関連の事業所サービス
                   ├─────── ⑥環境維持関連の事業所サービス
                   └─────── ⑦貨幣流通関連の事業所サービス
個人サービス ┬─生活関連サービス ─── ⑧物財関連の生活関連サービス
             │              └─非物財 ── ⑨環境維持関連の生活関連サービス
             └─余暇関連サービス ─── ⑩物財関連の余暇関連サービス
                            └─非物財 ┬ ⑪知識・情報関連の余暇関連サービス
                                     └ ⑫環境維持関連の余暇関連サービス
```

以上の12部門を構成する産業は次のとおりである。
①鉄道業，道路旅客運送業，公益事業。
②教育，学術研究機関，通信業，放送業。
③医療・保健・清掃業，社会保険・社会福祉，公務，等。
④卸売業，不動産業，道路貨物運送業，水運業，航空運輸業，倉庫業，物品賃貸業，等。
⑤情報サービス・調査・広告業，公認会計士・税理士事務所・土木建築サービス業，等。
⑥自動車整備・駐車場業，機械修理業，建物サービス業，等。
⑦銀行・信託業，その他金融業，証券業，等。
⑧余暇関連サービス業に含まれる小売業を除く小売業，百貨店，等。
⑨保険業，家事サービス業，洗濯・理容・浴場業，等。

⑩飲食店，自動車，小売業，書籍小売業，旅館その他宿泊所，等。
⑪専門サービス業（他に分類されないもの）。
⑫映画業，娯楽業，等。

1975年の分類とそれ以前の分類と対比して特徴的な点は，まず知識・情報関連サービスと環境維持関連サービスの提起である。これは当時の知識・情報関連サービスと環境維持関連サービスが，各領域で急速に発展したことを反映するものであるといえるであろう。そして，個人サービスを生活関連サービスと余暇関連サービスの2種類に分けたのも消費関連サービスの内容が豊富になったことを表している。

しかし，この分類は，流通関連サービスと生産関連サービスを事業所サービスに包括する点はほかの機能別分類とほぼ同様であるが，注意すべきなのは「⑦貨幣流通関連の事業所サービス」の提起である。その具体的な内容は，「⑦銀行・信託業，その他金融業，証券業，等」であると明確にしているために，分類は流通関連サービスの中でも特に金融サービスの独自性を意識している。この区分は前の分類より前進したといえるであろう。

2　比較経済体制の分類

都留重人は，第3次産業を経済制度の体制的な特徴と関連させて分類し，性格づける見解を提示している。それは，体制のいかんにかかわらず不可欠な部分と，体制が変わることによって無用となる部分とを明らかにし，そのことによって資本主義の無政府的性格から生じるムダとみるべきものが第3次産業の一部を構成していることを強調した。

都留は，第3次産業を次のように5つに分類している。[3]

(1) 〔物的生産との関連で生産的労働の産物とみなされうるもの〕電気・ガス・水道業，運輸・通信・保管業，調達機能としての商業など

---

3) 都留重人「第三次産業と経済成長」『経済研究』Vol. 11, No. 2, 1960年, 104-105ページ。

物財生産の延長と考えられるもの。
(2) 〔生産的労働者の生産性を高めるのに役立つもの〕(a)技術変革・新資源の開発に寄与するもの……科学者や技術者のサービス，(b)労働者の技能水準を高めるもの……教育者サービス，(c)労働者の健康や志気を高めるもの……医師や芸術家のサービス
(3) 〔社会経済全体の進行を安全かつ円滑ならしめるためのもの〕……公務，防衛関係サービス。
(4) 〔消費者個人が個々に買うサービス〕(a)買い手は自分でしようとしても作れないサービス，(b)買い手は自分が作ろうと思えば作れるサービスが家庭外化したもの。
(5) 〔資本主義の無政府的生産との関連で発達したもの〕商業，広告業，不動産業，保険業，証券業のかなりの部分，弁護士，各種コンサルタントのサービス。

都留によれば，(1)はむしろ第2次産業と類似のものであり，物的生産に付随したコストであるために，第2次産業に入れても問題なしである。(1)・(2)・(3)は，それぞれに規定要因が異なるが，経済制度との関係を考慮しても，経済成長とともに拡大する傾向を持つ部門である。(4)は「依存効果」を通して市場性を獲得したサービスであり，資本主義の発展成熟とともに拡大し，社会主義においては逆に縮小する傾向を持つ部門である。(5)は現代資本主義における「ムダの制度化」現象の典型であり，腐朽性・寄生性を表現するものであり，資本主義の発展成熟とともに拡大し，社会主義では激減するべき部類である。

この分類の最も優れたところは，(4)に対する「依存効果」という指摘と(5)に対して資本主義における「ムダの制度化」であるという指摘である。この見解は，これらの部門の特徴をしっかり摑んでおり，その将来の行方までも示したからである。これは第3次産業をどのように発展させるべきかという問題に関して，社会主義である中国に対しても多くの示唆を与える意義を持っている。

ところが，ここで筆者が少し異なる意見を持つのは，(3)に対する認識である。(3)〔社会経済全体の進行を安全かつ円滑ならしめるためのもの〕……公務，防衛関係サービスを(1)〔物的生産との関連で生産的労働の産物とみなされうるもの〕と並列して一緒に扱うのは不十分である。つまり，公務や防衛関係サービスは，社会経済全体の進行を安全かつ円滑にするために，一定の時期において必要なものであるし，経済成長とともに拡大する傾向をもつ部門であるかもしれないが，しかしこれらの部門はただ消費の部門であるために，経済全体の発展に，つまり社会的再生産に直接に貢献することはない。(3)の部門は(1)と(2)のように永久に存在するのは無駄であるし，期待されないであろう。たとえば，防衛関連サービスは，第Ⅲ部において検討するように，経済発展にも，人類の生存にも破壊力を持つものである。平和時期になると，その規模は削減されるべきである。そして，(3)は必要時期においても一定の制限を超えるならば，社会的生産力に負作用を与えることに注意を払わなければならない。

3　価値論・再生産論視点からの分類

飯盛信男は，以下3つの理論観点に立ちながら，「日本標準分類」の細目にわたって，それぞれの業種の現実的性格を検討した。すなわち，①社会の上部構造の担い手を「不生産的階級」として，経済活動の担い手から区別すること，②流通部門（価値非形成）とサービス部門（価値形成）を区別すること，③腐朽性・浪費性の強い部門を再生産視点から非再生産的部門として摘出することである[4]。これも価値論・再生産論の視点からの分類といわれている。

再生産の視点からの第3次産業の分類は，社会の上部構造を担う不生産的階級を除外したうえで，事業関連部門と消費関連部門を分割し，前者のうち学術研究機関を「研究開発部門」として，また後者のうち教育・医

---

4)　飯盛信男『生産的労働と第三次産業』青木書店，1978年，6-7ページ。

第2章　第3次産業の分類について

表2-1　価値論・再生産論視点からの産業分類（飯盛信男見解）

	事業関連部門	消費関連部門	中間産業
流通部門 (価値非形成)	各種商品卸売業，金融業，損害保険業，保険媒介代理業・保険サービス業，不動産賃貸業，広告業 卸売業，各種物品・産業用事務用機械器具賃貸業，駐車場業，法律事務所・特許事務所，公証人役場・司法書士事務所，公認会計士・税理士事務所	各種商品小売業，遊興飲食業，競輪・競馬等，生命保険業，不動産業（除不動産賃貸業） 小売業・飲食業，共済事業，自動車・スポーツ娯楽用品・その他の物品賃貸業，旅館・その他の宿泊所，劇場・興行場，運動場，公園・遊園地，集会場	
サービス部門 (価値形成)	道路貨物運送業，水運業，倉庫業，運送付帯サービス業，通信業，協同組合，情報サービス・調査業，その他の事業サービス業，土木建築サービス業，デザイン業，その他の専門サービス業，経済団体，と畜場 (学術研究機関) ＝研究開発機関	鉄道業，道路旅客運送業，下水道業，洗濯・理容・浴場業，その他の個人サービス業，映画業，興業団，その他の娯楽業，放送業，その他の修理業（除機械修理業），著述・芸術家業，個人教授所，掃除業，宗教，社会保険・社会福祉，労働・文化・政治団体，他に分類されないサービス業 (医療業，保健業，教育) ＝労働力形成部門	航空運送業，ガス業，上水道業，熱供給業
不生産階級 (社会の上部構造＝公務，外国公務)			

注）□は非再生産的性格＝腐朽性・浪費性の強い部門を示す。

33

療・保険業を「労働力形成部門」として位置づけ，最後に，資本主義の腐朽性・浪費性を表現する非再生産的分野を摘出することであった。この分類に価値論の観点からの流通部門とサービス部門の分割を組み合わせれば，第3次産業は，①事業関連サービス部門，②事業関連流通部門，③消費関連サービス部門，④消費関連流通部門，⑤社会の上部構造＝不生産的階級の5大ブロックに分割される。以上を総括すると前ページの表2-1のようになる。

　飯盛の分類の特徴は，まず，第3次産業の中に「不生産階級」を1つの特別の存在として，「流通部門」，「サービス部門」から区別している点である。そして，彼は「事業関連」と「消費関連」の分類をしたうえで，「生産部門」に対する「流通部門」を提示し，「非再生産的」，「価値非形成」という性格を付け加える。この2点は積極的意義を持つものであると評価できる。

　ところが，消費関連サービス部門に属する労働力形成部門を生産力発展のための重要な環として位置づけ，価値を形成するとみなす飯盛の観点は，後の第Ⅱ部第4章の4に再び詳しく述べるように適切ではない。

　さらに，サービス部門を不生産階級以外にすべて価値形成部門とみなす観点は，間違っている。特に宗教などイデオロギー面のものを価値形成とするのは極端な議論である。この点についても後の第4章において（日本の学界の論争と関連して）取り上げて検討する。

4　まとめ

　以上に述べたように，日本の学者達は第3次産業についてそれぞれの角度から分類した。そこには，以下の積極面があった。
(1)　機能別分類によって第3次産業を「物財関連」と「非物財関連」とに分割，「事業関連」と「消費関連」との分割及び「公共サービス」を「事業所サービス」と「個人サービス」から区別しているところは，第3次産業の本質に迫って検討しようとする意図が強く感じられる。
(2)　比較経済体制分類は，経済制度と関連させて第3次産業を分類する

構想であり，資本主義経済の体制的特徴を分析する意図が込められている。さらに，「〔資本主義の無政府的生産との関連で発達したもの〕」という分類項目によって，第3次産業のある部門が資本主義制度の下で過渡的な独自的性格を帯びているということを明確に示すことができた点では優れていると思われる。

(3) 価値論・再生産論視点からの分類は，第3次産業を「流通部門」，「サービス部門」と「上部構造」とに分けて，「流通部門」と「上部構造」の部門をはっきりと価値非形成部門として認識する点は評価できる。

ところが，上述の3つの分類にもそれぞれの不十分さが残っている。

(1) 機能別分類は，「流通関連サービス」を「生産関連サービス」に含めており，それらの区別を明確化していない不十分さがある。

(2) 比較経済体制分類は公務，防衛関係サービスを物的関連サービスと同一視しており，経済発展とともに拡大する傾向とするのは不十分である。その分類は，上記サービスを経済発展による制限や歴史的制約下にあることを明確にしていないのである。

(3) 価値論・再生産論視点からの分類は，流通部門に対するサービス部門を全て価値を形成する部門と捉える点で不十分である。

3 本論文における第3次産業の分類

本論文は先行の第3次産業に対する分類を踏まえ，優れたところを採用し，不十分なところを補充しながら，1つの客観的な基準を提供し，分類しようと考えている。

1 本論文における第3次産業の分類

第3次産業は，広義のサービスの意味を取ると，サービス業とみなされる。本論文では広義の意味の第3次産業を，「生産関連サービス業」，「流

通関連サービス業」,「消費関連サービス業」と「公的サービス業」の4つに分類して分析する。しかも次のように定義したいと思う。生産関連サービスとは,生産過程に直接に関連し,サービスを提供する部門である。流通関連サービスとは流通過程に関連し,サービスを提供する部門である。消費関連サービスは,消費過程に入り,サービスを提供する部門である。公的サービスとは,国・政府・地方公共団体などによる提供するサービスである。この定義によって,具体的にいえば次のようになる。

(1) 生産関連サービス業：運輸業,保管業,情報通信業,学術研究,技術サービス業など。
(2) 流通関連サービス業：商業,金融業,保険業など。
(3) 消費関連サービス業：医療,教育,法律,理容・美容,接客業,観光業など。
(4) 公的関連サービス業：国家機関,政党機関,社会団体および軍隊と警察などによる提供するサービス。

この4つの部分は異なる性格を持つために,一括に検討するのは無理がある。第Ⅱ部と第Ⅲ部では,消費関連サービス業にかかわる本来の（狭義の）サービス業と公的関連サービス業にかかわる軍需産業とを中心にしてその性格や特質などを再生産の表式のもとで検討し,その発展動向について予測することを意図している。他の部分は,今後の研究課題に譲りたいと考える。

2　各国における第3次産業分類の再確認

本論文の分類を基準として各国における第3次産業を分類するならば,4つの部分に分かれる。国連,日本と中国を例にするならば,次のようになる。

(1) 国連における第3次産業の分類

国連産業分類によって,(6)〜(10),すなわち(6)卸売と小売,飲食と旅館業,(7)運輸業,保管業と郵政電信業,(8)金融業,不動産業,保険業および商業

性サービス業，(9)社会団体，社会と個人サービス，(10)分類不可能なほかの活動などは第3次産業である。

本論文の分類によると，国連の分類はさらに細かく分ける必要がある。すなわち(6)の「飲食と旅館業」と(9)の「個人サービス」は消費関連サービスに属する。(7)は生産関連サービスに属する。(6)の「卸売りと小売」と(8)は流通関連サービスに属する。(9)の「社会団体，社会サービス」は公的サービスに属するのである。(10)に対しては改めて具体的に分類する必要がある。

(2) **日本における第3次産業の分類**

日本の産業分類によって，G～S，すなわち，G：電気・ガス・熱供給・水道，H：情報通信，I：運輸，J：卸売・小売，K：金融・保険，L：不動産，M：飲食店・宿泊業，N：医療，福祉，O：教育，学習支援業，P：複合サービス事業，Q：サービス業（他に分類されないもの），R：公務（他に分類されないもの），S：分類不能の産業などが第3次産業に属する。

本論文の基準によると，G，H，Iは生産関連サービスに属する。L，M，N，Oは消費関連サービスに属する。J，Kは流通関連サービスに属する。Rは公的関連サービスに属する。P，Q，Sについては具体的に分類する必要がある。

(3) **中国における第3次産業の分類**

中国の産業分類によって，F～TすなわちF：交通運輸，倉庫業と郵便業，G：情報通信，コンピュータサービスとソフトウェア業，H：卸売と小売，I：宿泊と飲食業，J：金融業，K：不動産業，L：賃貸と商務サービス業，M：科学研究，技術サービスと地質踏査業，N：水利，環境と公共設備管理業，O：住民サービスと他のサービス業，P：教育，Q：衛生，社会保険と社会福祉業，R：文化，体育と娯楽業，S：公共管理と社会団体，T：国際団体などが第3次産業に属する。

本論文の分類によると，F，G，Mは生産関連サービスに属する。H，J，Lは流通関連サービスに属する。I，K，O，P，Rは消費関連サー

ビスである。N，Q，S，Tは公的サービスに属するのである。

むすび

　以上の分類を明確化したうえで，以下の点に注意しなければならない。
　(1)　生産関連サービスと消費関連サービスとの区分
　すでに定義に示したように，あるサービスについて生産関連であるか消費関連に属するかを判断する際には，生産過程に関連するサービスであるか消費過程に入るサービスであるかを基準とする。ところが，生産関連サービスと消費関連サービスとについてそのサービスを受ける対象によって変わる可能性がある。たとえば，運輸業，不動産，情報通信などはそのサービスが提供される対象が企業であれば，生産過程の一部となり，生産関連サービスになるが，それに対してその対象が個人であれば，消費過程に入り，消費関連サービスになる。このために，第3次産業を分析する際には，単にいくつかの部分を分けるだけでは不十分である。その上に具体的な分野に対して，サービスの向けられる対象を明確する必要があることも重要である。
　(2)　公的サービスの確定
　本論文の定義によって，公務や防衛関連サービスなどは，各国おいてほとんど公的サービスに属する。ところが，教育，医療，保険などのような消費過程におけるサービス部門は，市場経済において公的および私的提供の両方が存在している。この並存の状態のもとでは，国・政府・地方公共団体によって提供されるサービス部分ならば公的サービスに属させ，私的企業によって提供されるサービスならば，消費関連サービスに属させるべきである。この区別の意義は，両部分の共通性を顕示する一方で，その相違性に注意しなければならないことを強調した点にある。生産関連サービスの中にも同様の問題が存在している。この点は社会主義市場経済を運営

している今日の中国において，依然として多くの部門，企業が公的なものである現実のもとで特に意義を持っている。

第Ⅱ部　サービス業をめぐる諸展開

第3章　マルクスの労働価値論によるサービスの規定

　第3次産業の分類の下に，第Ⅱ部では，第3次産業の中のサービス業を取り上げる。その際，マルクスの規定したサービス（本論文で特定し名づけている消費関連サービス）を中心に解明を進め，これを手掛かりに本来のサービスの特質を浮き彫りにし，これらの考察を踏まえてサービスをめぐる諸論争を検討する。

　3つの分類方法では，第1次産業，第2次産業を分類する時には，2つとも物質的生産部門であり，生産物（素材）種類に従って客観的な区別は可能であり，問題が生じる余地はなかった。しかし，第3次産業を一歩立ち入って解明しようとする場合，問題が浮上する。それは第3次産業の中では，物質的生産部門と非物質的生産部門という異質なものが一括されているからである。このために，物質的部門と非物質的部門との間の区別を最初に意識して生産的労働論の議論を展開した古典派経済学の学説を回顧しつつ，生産的労働論の角度から第3次産業，特にサービス業の分析を進める。

1　ペティ―ケネー――スミスの生産的労働論と古典派のサービス規定

　サービス論の系譜図（図3-1）が示しているように，サービスについての論争を遡れば，重商主義者の「サービスは富を生み出すものである」という考えからであった。しかし，当時，重商主義者は，財政的な優先順位（王室の優先順位）に沿って経済活動の評価を行ったために，サービスの内容を考慮することは含まれていなかった。その後，P・ルペザン・ド・ボ

図3-1 サービス論の系譜図

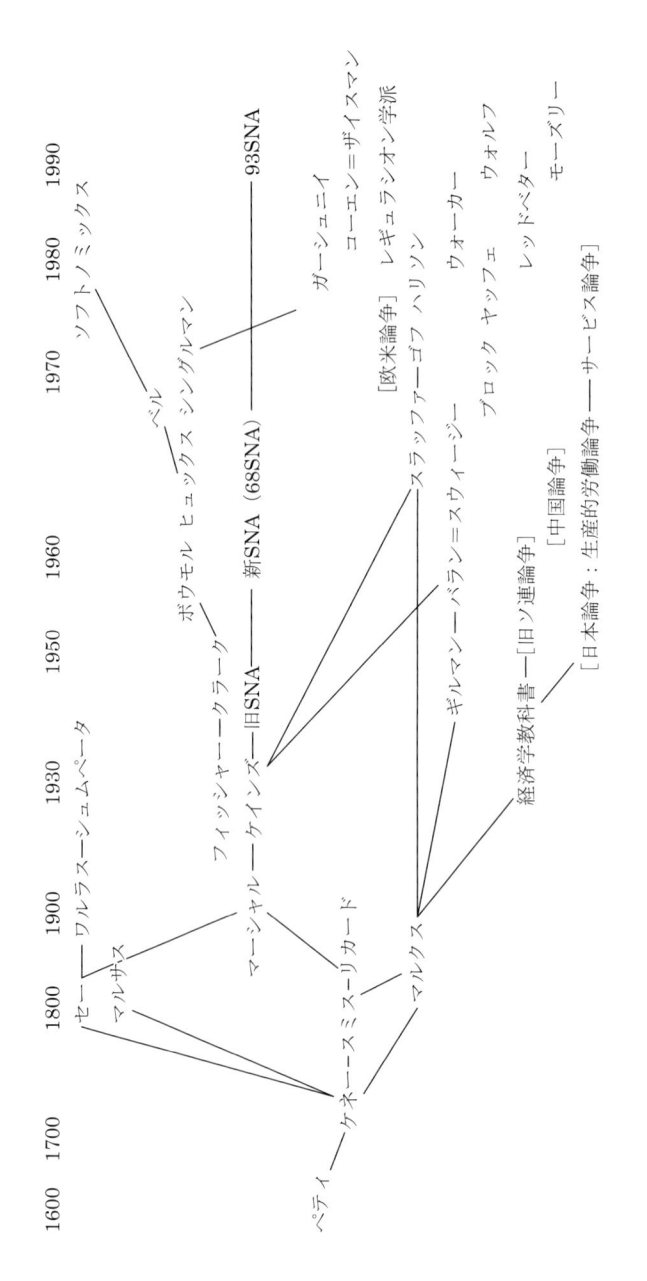

| | 1600 | 1700 | 1800 | 1900 | 1930 | 1950 | 1960 | 1970 | 1980 | 1990 |

ペティ ― ケネー ― スミス ― リカード
セー ― ワルラス ― シュンペーター
マルサス
マーシャル ― フィッシャー ― クラーク
ケインズ ― 旧SNA
ボウモル ヒックス シングルマン ベル
新SNA (68SNA) ――― 93SNA
ソフトノミックス
ガーシュニイ
コーエン=ザイスマン
レギュラシオン学派
マルクス
ギルマン=バラン=スウィージー
スラッファ=ゴフ ハリソン
ウォーカー
経済学教科書 ― [旧ソ連論争]
ブロック ヤップ ウォルフェ
[中国論争] レッドベター
[欧米論争] モーズリー
[日本論争：生産的労働論争 ― サービス論争]

注意：1．複雑な学説史を図に表すという制約上、大まかな継承関係と学派に位置、および年代を示すことにとどまっている こと。
　　　2．経済学者の間を結ぶ直線は、継承の場合もあれば批判の場合もある。
出典：斉藤重雄『現代サービス経済論』創風社、2001年、85ページ。

第3章 マルクスの労働価値論によるサービスの規定

ワギルベールは「サービスが国民の富をもたらす」と主張した。これらは財政的および消費に関する面から見るサービスの最初の議論になった。

この時期ウィリアム・ペティは『政治算術』においてオランダをフランスと比較し，オランダの繁栄について，「農業よりも製造業が，また製造業よりも商業がずっと多くの利得がある[1]」という結論を提示した。これは最初の価値論の角度から産業構造への認識といわれている。

フランソワ・ケネーはペティのような産業分類，すなわち商業が最も利得が高いという考えに対し，反論を提出した。商業ではなく，農業こそが生産的であるという観点を明確にした。これは労働というよりはむしろ自然の力による剰余生産物の生産という視点からのものである。その限りにおいて，ペティと比べて，価値論的には労働価値説からはむしろ離れたが，ペティより優れたところは流通（交換）ではなく生産によって利潤が生み出されることを明確にした点である。これも後の古典派の生産的労働概念と産業分類にとって，1つの画期をなしていると思われる。

アダム・スミスはその後生産的労働と不生産的労働についてより具体的な研究を行った。彼は主に以下の2つ側面から分析を進めた。マルクスはそれを「第1規定」と「第2規定」と呼んで整理し検討を加えた。

「第1規定」とは，資本と収入という経済的形態規定の区別に基づく規定である。それによれば，生産的労働とは資本と交換され，価値を生産する労働であり，不生産的労働とは収入と交換され，価値を生産しない労働である。たとえば，生産的な「製造工の労働は，一般に，自分が加工する材料の価値に，自分自身の生活維持費の価値と，自分の親方の利潤の価値とを付加する」のに対し，不生産的な「召使の労働はどのような価値も付加しない」[2]。

1） ウィリアム・ペティ，大内兵衛・松川七郎訳『政治算術』岩波文庫，1955年，44ページ。
2） アダム・スミス，大内兵衛・松川七郎訳『諸国民の富』第2分冊，岩波文庫，1960年，337ページ。

「第2規定」とは，対象的な生産物形態をとるかどうかの区別に基づく規定である。それによれば，生産的労働とは「それが加えられる対象，つまり売りさばきうる商品にそれ自体を固定し，実現」する労働である。たとえば，「製造工の労働は，ある特定の対象または売りさばきうる商品にそれ自体を固定したり実現したりするのであって，こういう商品は，この労働がすんでしまったあとでも，すくなくともしばらくの間は存続するものなのである。…その対象の価格は，あとになってから，はじめにそれを生産したのと等量の労働を活動させうる」。これに対して，「召使の労働は，ある特定の対象または売りさばきうる商品にも固定したり実現したりはしない。かれの労務（service）は，一般的にはそれがおこなわれるまさにその瞬間に消滅してしまうのであって，あとになってから等量の労務を獲得しうるところの，ある痕跡，つまり価値をその背後にのこすことがめったにない」と論述していた。

　この規定を踏まえて，スミスは不生産的サービス活動について国家の役人（王室，公務員，軍隊），聖職者，法律家，医療従事者，作家，芸術家，喜劇俳優，音楽家，歌手，オペラの踊り子，その他の個人サービス，そして最後に家内使用人らの労働が含まれると考えていた。スミスは家内使用人を雇用することは，たとえ使用人がどんなサービスを果たそうとも，国民の富の損失を意味し，そうした支出の主要な財源が利潤にあると認識していた。この点からスミスの分析は，主に資本蓄積に着目した動機と狙いがあることがわかる。サービスに雇用される人々の労働は，蓄積できない以上，不生産的であると考えられた。当然，そうした労働は所得からの支払いを受けることになる。

　これらスミスの2つの規定では，生産的労働の範囲に，ケネーが農業だけを生産的とみなしたのと違って，そのうえにさらに製造業を加えている。

---

3) アダム・スミス，前掲書，394ページ。
4) アダム・スミス，前掲書，337-338ページ。
5) アダム・スミス，前掲書，338ページ。

第3章　マルクスの労働価値論によるサービスの規定

自然力ではなく労働による生産物の生産という点を強調するのはより前進した認識である。

彼の「第1規定」は，資本主義経済形態に着目して与えるサービス規定である。資本と交換され，価値を生産する労働は生産的労働であり，収入と交換され，価値を生産しない労働は不生産的労働である。たとえば，召使などの不生産的労働は価値を付加しないと明言している把握は明快であり，的確である。

ところが，彼の生産物対象面から区別する「第2規定」は曖昧である。資本主義のもとで生産的労働であるかどうかは対象物がどのような形をとるかによって決まるものではない。剰余価値（利潤）を生み出せるかどうかで判断するのである。すなわち資本増殖に貢献できるならば，どのような形をとっても生産的労働であると認められる。逆にそうではないならば，物的商品に「それ自体を固定し，実現し」たとしても，生産的労働であるとは認められない。

スミス以後サービスの研究は2つ大きな方向に分かれていった（図3-1）。1つは，セーからワルラス，マーシャルを経て，現代経済学派のサービス論を形成していく。もう1つはマルクス経済学派のサービス論を形成していく。理論的・学説史的な問題として両者のあいだに横たわる最大の分岐とは，前者が生産的・不生産的の区別を持たずに生産性の分析に特化して，国民所得に占める比率などの量的比較から研究しようとする傾向が強いのに対して，後者は生産的・不生産的の区別を重視して，質的分析をしようとする。特に第3次産業に関しては，第3次産業を構成する各部門の複雑性や特性の違いが明瞭に相互比較できるし，細分類もできるようになる。

本論文の第Ⅱ部と第Ⅲ部においては第3次産業，特に消費関連サービス業，軍事サービスに関連する軍需産業の本質の検討を意図している。以下では，マルクスの生産的労働論を考察し，それを踏まえて，サービスの基本的認識をまとめ，確認しておきたい。

2　マルクスの生産的労働論に基づくサービス規定

1　マルクスの生産的労働論について

　マルクスはスミスの2つの規定について「第1規定」を肯定し,「第2規定」を批判したうえで,自らの生産的労働論を提起し,次のように分析した。

　マルクスは『資本論』第1巻第5章および第14章において生産的労働の2つの規定を定式化した。日本の学界では,これらを「本源的規定」と「歴史的規定」(いわゆる「資本主義的形態規定」)と呼んで区別している。

　(1)　本源的規定とは,労働過程の成果の立場から与えられる規定であって,「物質的財貨(使用価値)を生産する労働」を生産的労働とみなす規定である。この規定は,その労働の特殊的・歴史的形態にはなんのかかわりもない,すべての社会形態に等しく共通した一般的規定であって,人間と自然との間の素材変換の一般的条件である合目的的な人間労働を意味している。

　この基本的な規定を踏まえて,マルクスは『資本論』第1巻第14章において,生産的労働の本源的規定について拡充されるべき諸契機を述べた。資本主義的生産のような一定の生産力・規模に達した生産過程では,現実の労働過程は多くの労働者の協業によって行われている。「生産物は,一般に,個人的生産者の直接的生産物から一つの社会的生産物に,一つの総労働者,すなわち一つの結合された労働人員——その成員は労働対象の処理に直接または間接にかかわっている——の共同生産物に,転化する。そのために労働過程そのものの協業的性格とともに,生産的労働の概念や,その担い手である生産的労働者の概念も,必然的に拡大される。生産的に労働するためには,みずから手をくだすことはもはや必要でない。総労働者の器官となって,そのなんらかの部分機能を果たせば十分である。生産

第3章 マルクスの労働価値論によるサービスの規定

的労働にかんする前述の本源的な規定は，物質的生産そのものの性質から導き出されたものであり，全体として見た場合の総労働者にとっては依然として真実である。しかし，その規定は，個々に取り上げられたその各成員にとっては，もはやあてはまらない[6]」。マルクスはこのように論述し，従来は生産過程に埋め込まれていた労働（サービス労働も含む）が，協業的性格の拡大のもとで分化発展してくること，とはいえ分化した労働も，もともと生産過程に付随する性質を持つために，本源的規定による生産的労働であり，価値形成労働でもあると明確にしている。すなわち，生産過程に関連するサービスはたとえ分業によって生産過程から独立して営まれるとしても，その出自の性格によって，生産過程の不可欠な一部分として生産的労働と規定されうる。結局，サービス労働についても限定付きで一定の拡大適用が図られるのである。もう1つ注意すべきなのは引用文最後の一言である。「しかし，その規定は，個々に取り上げられたその各成員にとっては，もはやあてはまらない」。すなわち，サービス労働は分業によって物的生産過程から離れ，独立して，ほかの過程に入る場合には，たとえば流通過程や消費過程に入る場合には生産的労働とはならないのである。

（2）歴史的規定（いわゆる資本主義的形態規定）とは，価値増殖過程の成果の立場から与えられる規定であって，「剰余価値を生産する労働」すなわち「資本の自己増殖に役立つ労働」を生産的労働とみなす規定である。この規定は，その労働の素材的内容，特殊な有用性とは何のかかわりもない，特殊的・歴史的形態規定であって，直接に資本の増殖のために生産的に消費される労働（本来の賃労働）を意味している。

ところで，資本主義的生産の発展とともに社会の全領域が資本に直接に包摂されていくのにつれて，物質的財貨である商品の生産部門だけではな

---

[6] カール・マルクス（社会科学研究所監修，資本論翻訳委員会訳）『資本論』③，新日本出版社，1987年，872ページ。

く，商業，信用などの商品流通に関する領域，および医療，教育，理容，ホテルなど消費に関する領域にも資本が投下され，それらの資本はそれぞれの仕方で剰余価値の分配に参加し，利潤を獲得する。そうなると，それらの不生産的部門の資本に包摂された賃金労働者の労働は，「資本の自己増殖の要因」として「直接に資本に奉仕する労働」であり，資本にとって生産的労働である。

こうして結局，資本主義的形態規定の意味での生産的労働と不生産的労働との区別は，その労働が資本（資本としての貨幣）と交換されるか，所得（貨幣としての貨幣）と交換されるのかという点にあるにすぎない。ここでは，マルクス『剰余価値学説史』[7]の中における生産的労働に関するきわめて首尾一貫した論述を参照することができる。まとめると次のようになる。

「資本主義的生産の意味での生産的労働とは，賃労働のことであって，これは，資本の可変的部分（賃金に投下される資本部分）と交換されて，資本のこの部分（またはそれ自身の労働能力の価値）を再生産するだけでなく，その上に資本家のための剰余価値をも生産する。このことによってのみ，商品または貨幣は，資本に転化され，資本として生産されるのである。資本を生産する賃労働だけが生産的である」。「これによってまた，なにが不生産的労働であるかも絶対的に確定されている。それは資本とではなく，直接に収入と，つまり，賃金または利潤と（もちろん，利子や地代のような，資本家の利潤の分け前に与かるいろいろな項目とも）交換される労働である」。

さらにマルクスは「たとえば俳優は，道化師であっても，もし彼が資本家（企業家）に雇われて働き，賃金の形態でその資本家から受け取るよりも多くの労働を返すならば，生産的労働者であるが，他方，資本家の家に

---

7 ）『マルクス＝エンゲルス全集』26巻Ⅰ，大月書店，1975年，160，167，171 – 172，208，521 – 523ページ。

第 3 章 マルクスの労働価値論によるサービスの規定

やってきて彼のズボンをつくろい,彼のために単なる使用価値をつくる修理専門の裁縫師は,不生産的労働者なのである。前者は,剰余価値を作り出すが,後者においては,収入が消費されるのである」と例を挙げて述べた。すなわち,資本主義的生産のもとで,生産的労働と不生産的労働との区別は,その労働が生産物を作るかどうか,サービスを提供するかどうかといったこととは全く関係がないことを明らかにしている。

しかし資本主義的生産においては,生産的労働と不生産的労働の間には次第に素材的な差異が現れるようになることについて,マルクスは次のように指摘した。「しかしながら,明らかに,資本が生産全体を征服するのと同じ程度で」「ますます,生産的労働者と不生産的労働者とのあいだの素材的差異も現われるであろう。なぜなら,前者は,わずかな例外を除けば,もっぱら商品を生産するであろうが,他方,後者は,わずかな例外はあっても,個人的サービス提供だけを行うだろうからである」。

以上マルクスの生産的労働論に即して,生産的労働について,すべての社会形態における物質的生産活動に対して当てはまる本源的規定と,資本主義の特殊な形態に対して当てはまる歴史的形態規定とを明確にした。しかし,その後マルクス経済学派のあいだでは同じマルクスの規定から出発しながら相異なる解釈や見解が現れて,サービス論争が繰り広げられることになった。

2 マルクスのサービス規定について

マルクスは自分の生産的労働論に基づいてサービスの概念を規定した。彼の書物(『資本論』,『剰余価値学説史』,『直接的生産過程の諸結果』など)において何度もサービスの概念について論及した。「Dienstとは,商品のであれ労働のであれ,ある使用価値の有用的な働き以外のなにものでもない」[8]と述べていた。この論述について,金子ハルオは「このように,マル

---

8) カール・マルクス『資本論』第Ⅰ部(全集版)大月書店,1975年,207ページ。

クスによれば，Dienstには，商品のDienstと労働のDienstとがあり，いずれもそれが使用価値として消費されることによって発揮される有用的な働きのことである。したがって，このようなDienstは生産財であろうと消費財であろうとすべての生産物が，あるいは，資本と交換されようと収入と交換されようと，社会の生産，流通，消費のどれに携わろうとすべての労働が，等しく行うDienstである」と理解し，解明した。

(1) サービスの一般的規定について

マルクスはサービスについて主に「労働」として一般的規定を与えた。「サービスとは，一般に，ただ物としてではなく活動として有用であるかぎりでの労働の特殊な使用価値の表現でしかない」と定義し，そして，このサービス労働の特徴について，「労働者から分離されることができて彼の外に独立商品として存在する生産物には転化することのできない労働」であると述べた。ここで強調されているのは，サービスがほかの労働と違って，労働そのものの特殊な使用価値を表す独自な表現であり，この労働がサービスをものとして提供するのではなく活動として提供する，というところにある。つまり，マルクスはサービスの一般的規定について，それは労働の生産物ではなく，その有用性のゆえに活動状態のままで提供され，消費される労働の有用的働きとして，把握していた。

この一般的規定を認識したうえで，マルクスは，「流動状態にある人間的労働力，すなわち人間的労働は，価値を形成するけれども，価値ではない。それは，凝固状態において，対象的状態において，価値になる」という。ここからわかることは，商品の価値は労働そのものではなく，商品である労働生産物に対象化された労働（つまり抽象的人間労働としての労働の凝固）として，したがって，商品の使用価値をその質料的担い手としてい

---

9) 金子ハルオ『サービス論研究』創風社，1998年，70ページ。
10) カール・マルクス『直接的生産過程の諸結果』国民文庫，72-73ページ。
11) カール・マルクス，同上，70ページ。
12) カール・マルクス『資本論』第1巻第1分冊，新日本出版社，1987年，87ページ。

第3章 マルクスの労働価値論によるサービスの規定

るものとしてしか把握できないということである。

このマルクスのサービスの規定と特徴づけによって，マルクス自身は「サービス＝労働」をとっている一方で，その帰結としてサービス労働が価値不生産的であるとみる立場もまた明らかである。

このマルクスの理解について，金子は次のように解釈した。「どのような社会においても，人間は自分の生存のためには，たえず物質的財貨（生産財と消費財）を生産しなくてはならず，たえず物質的財貨の一部（消費財）を個人的に消費しなくてはならず，また多少とも発達した社会的生産のもとでは，たえず物質的財貨を生産の場所から消費の場所に流通させなくてはならない。こうして，社会的人間の労働力とその合目的な使用である労働とが，かならず物質的財貨の生産過程，流通過程，消費過程という3つの過程に配分され，支出されなくてはならない。この場合，一般には，物質的財貨を生産する労働は社会的には生産過程に属し，そこで機能する労働（生産労働）であり，物質的財貨を流通させる労働は社会的には流通過程に属し，そこで機能する労働（流通労働）である。これに対して，物質的財貨である生産物に転化することなしに消費者に提供され，その有用的な働きによって消費者の欲望をみたす労働は，社会的には消費過程に属し，そこで機能する労働（消費労働）である。すなわち，一般的規定としてのサービス労働は，このように社会的には『生産労働』，『流通労働』と区別される『消費労働』というべき性格の労働である。社会的な『消費過程』において，人間は社会的生産の成果である消費財を消費するとともに，その消費財によって維持される『消費労働』をも消費するのである」[13]。金子の観点は筆者も主張している。

要約すれば，マルクスの一般的規定によるサービスは2つの特定な条件が必要である。

第1は，サービスは流動状態にある生きた労働そのものである。

---

13) 金子ハルオ，前掲書，72-73ページ。

53

第2は，サービスは消費過程に入っている労働である。

　この2点から明白なのはマルクスの一般的規定によるとサービスは狭義の定義を持つものである。すなわち，消費関連サービスに当てはまる。このサービス労働は当然に生産的労働ではないし，価値形成労働でもありえないのである。

　以上の理論的観点は第3次産業についての分類の理論根拠をなす。このサービスの一般的規定を理解したうえでサービス，サービス業そして第3次産業の本質を把握できる。しかし，この理解ができなければ，誤解を生じるだけではなく，誤った認識に導く可能性も出てくるであろう。

　以下は一部の学者がマルクスのサービス一般的規定に関して生じた3つの誤解[14]と筆者による批判的なコメントである。

　誤解1：マルクスの労働価値説＝クラークの第3次産業論という同一視の誤解である。「この考え方には物質的財貨の生産部門とそうでない部門＝不生産部門の区別を理論的に極めて重視する視点がこめられている。しかし，物質的財貨を生産しない労働を広くサービスと呼ぼうとする限りにおいて，第3次産業を財貨生産部門の残余部門として広くサービス業と呼ぼうとするクラーク＝フュックス流の考え方に一脈相通ずるものである」。

　誤解2：同じ労働が場合によっては違う性質を持つという特徴を認めないという誤解である。「スミス＝マルクスの系譜である労働価値説によると，機械修理業やクリーニング業は『労働』あるいは『用役』を提供するとしてサービスとみなすのが支配的である。しかし，仮にそれらが機械製造工場なり被服製造の内部で行われた場合には，サービスではなく物質的財貨の生産過程全体の一工程としてみなされる。同じ労働内容のものが，取引状態によって，外注の場合はサービスで，社内生産の場合にはサービスではないとするのはおかしいことである」。

　誤解3：生産過程と流通過程におけるサービスの認識について対立の観

14）　斉藤重雄『現代サービス経済論』創風社，2001年，39-40ページ。

第3章 マルクスの労働価値論によるサービスの規定

点を持つ誤解である。マルクスの「この考え方によれば，商業，金融，不動産も，さしあたり物質的財貨を生産しないという意味で，『労働』・『用役』を提供するサービスとならざるを得ない。しかし，労働価値説では，商業，金融，不動産は流通過程に属するものであり，サービスは流通とは異なるという解釈と対立する。したがって，サービスを『労働』あるいは『用役』とする規定だけからは，これを区別する基準は出てこないのである」。

上述の3つの誤解は実にマルクスのサービスの一般的規定をよく理解しなかったために生じたものである。以下ではマルクスのサービスの一般的規定に基づいて解釈してみる。

まず，マルクスは「物質的財貨を生産しない労働を広くサービスと呼ぼうとする」ことをしていない。逆に彼はサービスの一般的規定を狭く制限した。要するにサービスを「労働」に，「生きた活動状態のまま消費者に提供される労働の具体的有用労働」に，「消費過程」における「消費労働」に制限している。この規定によるサービスは，クラークのサービス観点と大きく相違していることはいうまでもないであろう。

次に，「同じ労働内容のものが，取引状態によって，外注の場合はサービスで，社内生産の場合にはサービスではないとするのは」，おかしいことではない。というのは「機械修理やクリーニング業」は生産企業の内部で行う場合に「生産過程」の一部になり，生産的労働になるわけである。マルクスがいうサービスでは，もちろんない。逆に外注の場合に（厳密にいえば「消費過程に入る」という条件づけが必要である），それは「消費労働」になり，マルクスの規定するサービスになるのである。これは人間が様々に違った社会的関係のもとで様々に異なる社会的身分（＝肩書）を持つことと同じである。たとえば，1人の20歳の若者がいて，彼は家庭にいる時には両親の息子・被扶養者であり，大学に行くなら大学生であり，アルバイトをする時には店員，つまり被雇用労働者になるなどいくつもの社会的役割をもっていて，その都度そうした違った社会的規定でふるまうわけである。このことは常識であり，誰も奇異とは思わないであろう。

55

最後に，商業，不動産，金融は，「生産過程」に対して「流通過程」，「総過程」に属する労働であり，すなわち「流通労働」であって，消費過程における「消費労働」であるサービスではない。こう理解すれば誤解3の生じる余地はなくなる。

　さらに，金子ハルオはサービスをまた「直接サービス」と「間接サービス」の2つに分けている。直接サービスはマルクスのいう「人身サービス」に相当する。たとえば，理髪，看護，医療，教育などである。「直接サービス労働においては，その労働過程と消費過程とが同時である」。間接サービスはマルクスのいう「現物サービス」のうちの「消費財の消費費用であるサービス」に相当する。洗濯，掃除などの「消費財を継続して消費可能な状態に維持するサービス」と料理，調合などの「消費財を現実に消費可能な状態に加工するサービス」とからなる。「間接サービス労働においては，その労働過程と消費過程とが分離する」[15]。

(2)　**資本主義のもとでのサービスの規定について**

　マルクス理論では問題を分析する場合，現代資本主義社会構成体の特殊歴史的な経過的な性格を考慮して，よく一般的，普遍的側面と歴史的形態との2つ側面から接近する。特に資本主義社会における歴史的形態規定を重視することに特徴がある。これはマルクス理論の現代経済学との最大の相違点である。

　すでに述べたようにマルクスの生産的労働論からみれば，資本主義のもとでほとんどすべての労働生産物が商品に転化され，ほとんどすべての労働が「貨幣と交換される労働」という意味での賃労働に転化されていく。このような賃労働の形態をとった労働には次の2種類の労働がある。「資本としての貨幣」つまり資本と交換される労働と，「貨幣としての貨幣」である収入と交換される労働と，である。前者は，資本でもって雇用される賃金労働者の労働，すなわち，本来の資本主義的賃労働であり，雇用主

---

15)　金子ハルオ，前掲書，46ページ。

第3章　マルクスの労働価値論によるサービスの規定

である資本家に剰余価値＝利潤をもたらす労働，資本の自己増殖に役立つ労働である。この労働は資本主義的形態規定から見れば，どのような性格の労働であっても，生産的労働とみなされる。これに対して，後者は，収入を使って雇用される労働であり，雇用主によって個人的に消費されるだけで，前者と違って，雇用主になんらの剰余価値＝利潤をもたらすことのない労働である。この労働は資本主義的形態規定から見ても，前者と同じようにどのような性格の労働であっても，不生産的労働である（ここで「どのような性格の労働」というのは，物質的労働と非物質労働との相違を示している）。そうして，後者「収入と交換される労働」が形態規定としてのサービス労働である。簡単にいえば，「資本主義のもとでのサービスの形態規定は，資本と交換される労働と区別され，それと対立するところの，収入と交換される労働の有用的な働きである」[16]。

マルクスは当時の資本主義の発展状況に基づいて，次のように述べた。「資本が生産全体を征服し，従って，家内的で小さな，つまり商品を生産するのではなく自己消費めあての産業形態が消滅するのと同じ程度で，あきらかに，直接に収入と交換されるようなサービスを行う不生産的労働者の大部分は，もはや個人的サービスだけを行い，そのごくわずかな部分（たとえば料理人，裁縫女，つくろい裁縫師など）だけが物的な使用価値を生産するようになる」[17]。ここでマルクスは生産的労働と不生産的労働の歴史的規定によって，2つのサービスを分けた。すなわち，収入と交換される不生産的労働である「本来のサービス」と資本に包摂される労働である「いわゆるサービス」である。

次ページの図3-2はマルクスの論述を手掛かりにして，資本主義におけるサービスと物的生産との間の比重変遷を示したものである。資本の浸透にしたがって，以前は不生産的労働であるサービス労働は資本主義形態

---

16) 金子ハルオ，前掲書，46ページ。
17) カール・マルクス『剰余価値学説史』第1分冊（全集版），大月書店，1975年，129ページ。

図3-2　資本主義におけるサービス・物的生産の変遷

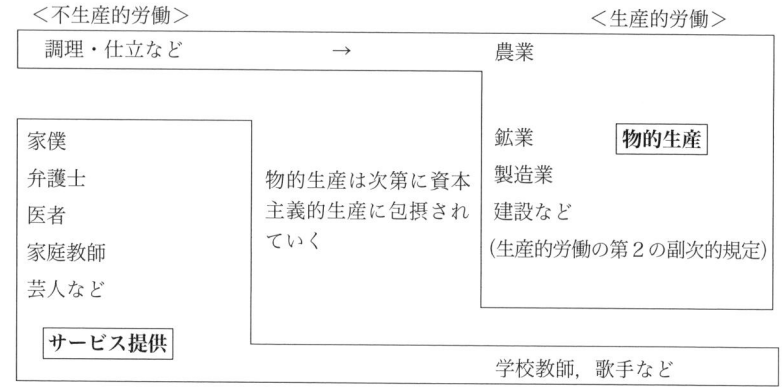

＜不生産的労働＞		＜生産的労働＞
調理・仕立など	→	農業
家僕 弁護士 医者 家庭教師 芸人など	物的生産は次第に資本主義的生産に包摂されていく	鉱業　　**物的生産** 製造業 建設など (生産的労働の第2の副次的規定)
サービス提供		
		学校教師，歌手など
		ほとんど無視できる存在である

規定によって生産的労働になる。そして，この形態的規定の意味での不生産的労働であるサービスはますます減少していき，「ほとんど無視できる存在」になるのである。

　以上の内容をまとめると，サービスについて資本主義のもとでの規定（すなわち，歴史的形態規定）に関して次の特徴が指摘できる。

　第1は，資本に関わって利潤（儲け）をもたらす労働であれば，形態的規定によって生産的労働である。資本主義社会において，資本は生産過程にとどまらず，流通過程や消費過程にも浸透する。それらの労働すなわち「流通労働」や「消費労働」は，価値を形成しない労働であっても，資本家にとって利潤をもたらす労働でありさえすれば，生産的労働であると認められるべきである。

　第2は，経済発展にしたがって，資本主義社会において，以前と比べて「直接に収入と交換される」，形態規定によるサービスは増加しているが，「資本と交換される」労働と比べると，減少する傾向にあることは明らかである。

　第3は，価値形成側面からみれば，物的生産に関わる労働だけが価値を

生むということは労働価値論の原理である。資本に浸透されたサービス労働は資本家に利潤をもたらすことができて，資本主義的形態規定として生産的労働と認められたとしても，だからといって価値を生み出すというわけではない。

(3) 資本主義のもとでの一般的規定としてのサービス形態

上述したように，マルクス生産的労働論による一般的規定と資本主義の形態的規定のもとで，サービスについて，それが生産的労働であるかどうか，価値形成労働であるかどうかという問題が提起されうる。この問題について，最初に詳しく論じたのは馬場雅昭の「資本制社会におけるサーヴィス生産の三形態」という論文[18]であった。馬場によれば，資本主義社会においてサービスは次の3つの種類の形態で現れている。

A：収入としての貨幣をもって雇用された雇い人（召使，女中，家庭教師など）によるサービス提供。

B：自営業的サービス労働者（理髪業者，私塾教師，開業医師，クリーニング業者など）によるサービス提供。

C：サービス資本家による（資本としての貨幣をもって雇用された賃金労働者の労働力の使用による）サービス提供。

以上の形態もサービスの発展にしたがう変化でもある。金子はこの変化について，次のように指摘した。「マルクスの時代，すなわち資本の自由競争の時代から支配的な産業資本主義の時代までは，不生産的賃労働者である雇い人および自営業的サービス労働者によるサービス提供が支配的であって，サービス資本家によるサービス提供はまだ少なかった。特にイギリスにおいてはそうであったので，マルクスは，サービス商品の提供業において『直接に資本主義的に搾取される得る労働』は『無視してもよい』と述べたほどであった。しかし，その後資本主義が独占階段へと進み，独占資本主義の時代になると，社会的労働の生産力が著しく増大した結果，

---

[18] 『旭川大学紀要』第15号，1982年に掲載。

サービス資本家によるサービス提供（資本主義的企業によるサービス提供）が飛躍的に増大し，しかも以前とは違って次第にそのかなりの部分が労働者の賃金収入によっても購入されるに至った。このような資本主義のもとでのサービス提供の発展ないし変化は，主としてサービス労働手段の規模と所有関係の変化に依存しているものである」。[19]

　ここで明確にしておきたいのは，サービスの3つの形態は今日の資本主義社会において共存しているということである。中国の社会主義市場経済においてもこの共存性は顕著である。今日，ＡとＢのほうも大きく拡大しているが，Ｃもさらに著しく発展している。

3　まとめ

　上述のマルクスの2つのサービス規定をまとめると，次の特徴を確認することができる。

(1) サービスの基本は消費過程にとどまっている「消費労働」という性質を帯びている。
(2) 一般的規定によれば，サービスは物質的生産的労働に関わらないために，生産的労働でもないし，価値形成労働でもない。
(3) 資本主義形態的規定によれば，資本と交換され，資本増殖に貢献するサービス労働であるならば，生産的労働になる。剰余価値（利潤）をもたらすことができるが，価値を生まない。収入と交換されるサービス労働は生産的労働でもないし，価値形成労働でもない。

　以上のように資本主義におけるサービスの認識を受け止めた場合に，今日の中国の社会主義市場経済においてサービスの認識はどのように適用されるであろうか。

　中国は社会制度上の基本的な生産関係から見れば，公有制を主体とする社会主義であるが，生産力を向上させるために市場経済の仕組みを導入し

---

19) 金子ハルオ，前掲書，75ページ。

第 3 章 マルクスの労働価値論によるサービスの規定

ている，いわゆる社会主義市場経済制度である。商品，価値，資本など市場に商品経済の特有なカテゴリーを備えている一方で，資本主義市場経済の浪費性（すなわち，無秩序の競争による社会経済の資源浪費）を避けるために，社会主義の生産関係を基本に維持し，保有している。その主たる理由は，社会主義市場経済が，資本主義市場経済，すなわち私営企業が営利と搾取を目的とし少数者の経済的富裕をめざす経済制度であるとは違って，「全社会の共同富裕」を実現するために実践される制度だからである。1993年11月14日に中国共産党第14回中央委員会第 3 次全体会議で「中共中央の社会主義市場経済体制を確立する若干の問題に関する決定」において，「社会主義市場経済体制を確立する過程において，われわれは党の基本理論と基本路線の導きのもとで，社会主義社会の生産力発展に有利か否か，社会主義国家の総合国力増強に有利か否か，人民生活水準の向上に有利か否かということを終始堅持し，このことを，各改革対策の選択とその損得の検証を決定する根本基準とするべきである」と明記した。そして，2001年 7 月 1 日の江沢民「七・一」講話でも，「われわれは中国的特色を持つ社会主義の各事業を建設している。われわれが行っているすべての仕事は人民の現実的な物質文化，生活需要に着目すると同時に，人民素質の向上にも着目するべきである。すなわち，人の全面的発展を促進することに努力するべきである。これはマルクスの社会主義新社会を建設する本質的要求である。われわれは社会主義社会の物質文明と精神文明とを発展させる基礎において，絶えず人の全面的発展を推進する」と述べていた。この講話で人の全面的発展を促進するのは中国社会主義の最高目標であることが明らかである。2007年10月の中共中央「十七大」で胡錦濤政府は持続可能で均衡のとれた安定成長や，国民の利益重視などをさらに強調する方針を打ち出している。この政府の方針のもとに，中国経済が両面性を持つのは道理に適っている。すなわち，社会主義公有制を主体とすることを強調する一方で，多種経済形式を並存し奨励して生産力向上と経済発展を推進しているのである。公有制と私有制との並存は実現している。この経済路線

61

の特徴は，同様にサービスへ波及するのである。

　上述したような資本主義のもとでのサービス現象は今日の中国にも同様に存在している。すなわち，収入としての貨幣をもって雇用された雇い人によるサービス提供，自営業的サービス労働者によるサービス提供，サービス資本家によるサービス提供（注：ここは資本家というより私営業者というほうが中国に相応しいであろう）である。これ以外に，中国は「全社会の共同富裕」という目標に向けた指導方針によって，政府や国有企業によるサービス提供は他の資本主義国より数多く，第4（D）の種類とみなすことができるのは特徴的であろう。

　すでに述べたようにマルクスのサービス規定は現代経済学によるサービス概念と大きく違っている。その出発点からの相違は，サービスの認識と研究結果の不同・対立を導く。マルクスの経済理論から現代経済学のサービス論を検討すれば，その不十分さが明らかとなる。以下，立ち入ってみてみよう。

3 　現代経済学のサービス論の展開とその誤り

1　現代経済学のサービス論の展開

　マルクス経済理論の立場に立ってサービス論を考察する際に，まず現代経済学のサービス論の批判的検討を行わなければならない。

(1)　19世紀中頃から1930年代における「すべては生産的労働，すべてはサービス」という観点が強い時期

　スミスの時代から，彼の反対者は，サービスが有用であり価値を生むという理由で，サービス労働は生産的労働であると論じた。しかも，家庭内の家事手伝いのように，サービスが価格を持たない場合であっても，それも生産的であると強調した。この観点は生産的労働の範囲を極端に拡大させたものである。そして，19世紀中頃にジャン－バティスト・セーによっ

第3章　マルクスの労働価値論によるサービスの規定

てスミスの観点への批判が行われた。彼によれば，商業活動は生産であって，工業生産と全く同様である。生産物をある場所から別の場所へ運ぶことによって，それらの活動は生産物に価値を付け加えるという認識を示した。銀行サービスについても，銀行活動は，それが銀行家の専門知識に基づいている限りで，生産的とみなされる。銀行業務は貨幣を運搬するから，生産的性格を持つという考えである。さらに彼は，スミスの生産的労働の対象を素材面での規定において物質的生産領域から非物質領域にまで広げる一方で，「サービス」という概念を経済学に取り入れ，結局，生産物の概念を非物質的生産物や「サービス」を含むものにまで拡大した。このことは，生産的・不生産的労働の区別を事実上に消失させたということを意味し，これも現代経済学のサービス論の原型をなすものである。

　以上の論争を受けて，ジョン・ステュアート・ミルはサービスについて自分の分類標準を提起した。すなわち，個人あるいは社会の生産性を改善すると考えられるかどうか，あるいは，そうでなければ，単なる最終消費であるかどうかに応じて，サービスを生産的なもの，あるいは不生産的なものに分類するものである。彼の言葉によれば，「政府の役人の労働は，産業の繁栄にとって不可欠な保護をさまざまなやり方でもたらすことから，物質的富にとっても生産的なものとして分類されなければならない。なぜなら，その労働がなかったならば，物質的富は，現在ほど豊かに存在できなかったからである」[20]。このサービスの必要論から，その後の現代経済学に継承され広まったところの「すべては生産的労働，すべてはサービス」という観点につながっていく。

　この時期において最大の特徴とは，スミスが不生産的労働とサービスとを同一視し，それによって労働を2つの種類（生産的労働と不生産的労働）に分割したのに対し，それ以後の論者たちは，すべての経済活動を再び概

---

20) J. S. ミル，末永茂喜訳『経済学原理』全5分冊，岩波文庫，1959–1963年，106ページ。

念的に同一のものとみなそうと試みたということである。その結果，19世紀の末までに経済学の文献から不生産的労働という考え方が事実上消滅した。具体的にいえば，2つの傾向があった。1つは「資本主義社会の経済関係がしばしばサービス関係として説明されることである」。もう1つは，特定のサービス，特に国家によって提供される公的サービスがますます注目されるようになったことである。

当時の観点から，J-C・ドゥロネ，J・ギャドレはサービスについて次のようにまとめた。[21)]

第1：サービスが富すなわち物質的富と同様に，生産されるものであるとみなされる。

第2：すべての生産が，労働のサービスであれ，自然的資源のサービスであれ，資本のサービスであれ，なんらかのサービスを必要としているという認識している。

第3：生産は物質を創造せず，ただそれを再構成するだけであるから，すべての企業は，それが属する経済部門の如何を問わず，同じ立場に立つということである。企業は売買を行うのであって，販売するものを製造するのではないという観点を持っている。

以上の観点は当時の効用概念を強調する立場に従うものである。ここには，古典派の労働価値論から離れて効用価値論へ移行する傾向が現れている。これらは現代経済学のサービス論の正式な出発点となった。

(2) 1930年代から1970年代における第3次部門概念の登場によってポスト工業主義を強調する時期

すでに考察したように，この時期において，アラン・G・B・フィッシャー，コーリン・クラーク，ジャン・フーラスティエの著作によって，3つの部門分割が提起された。この時期は第3次部門という概念が十分な発達を遂げた時期でもあり，同時に，各国の中央統計局によって開発された

---

21) J-C・ドゥロネ，J・ギャドレ，前掲書，116ページ。

第3章 マルクスの労働価値論によるサービスの規定

国民経済計算の方法論との関連で，3つの部門の主要な構成要素を定義する用語法が確立した時期でもあった。

1930－1969年の時期には第3次部門は農業でも工業でもない活動の寄せ集めものであると定義された。そして，1965－1975年の時期になると，第3次部門の重要性が高く評価され，その将来的な役割も強く期待されるようになった。サービスに関する研究はさらに盛んになった。一方では，多くの学者はサービスの肯定的な観点を持つ学者はいるが，他方には否定的な観点を持つ学者も現れている。この時期に注目された学者は2人であった。1人は社会学者ダニエル・ベルであり，彼は『ポスト工業社会の到来──社会予測の一つの試み』(1974年) という著作を出版した。本書の中で彼は「社会における機能のあり方に関連させて4つの局面を区別する。①第3次産業中心のサービス社会としてのポスト工業社会，②知識，科学，技術の優位，③専門技術階級の優位，④価値体系及び支配形態の変化」と指摘した。この観点などの提起によって，彼は「ポスト工業論についての第一人者」と呼ばれる。もう1人はウィリアム・ボーモルであった。彼はサービスの急速な発展の中にその問題を発見し，検討した。主にサービスのコスト負担によってアメリカの多くの主要都市が財政危機に落ちた現実を見通した。

その後，いわれたサービス「コスト病」について種々多くの議論を呼び起こし，実際にも先進国の多くが「コスト病」に陥った。この議論では，新たに「発展的部門」と「非発展的部門」との区分が提出された。「発展的部門」では，労働は多少とも意味のある投入物の1つにすぎない。生産物の工業生産がこの部門に属する。「非発展的部門」は労働そのものが最終生産物であるために，資本や新技術を充用するために余地がほとんどなく，したがって，生産性の増加はほとんど期待できないというものである。サービスが「非発展の部門」に属する。

この時期の現代学者たちは，サービスに対するその認識の不備・不足面に気づいているために，サービスの議論はいっそう高まるようになった。

その本質を探ろうとする努力も注目される。

(3) 20世紀70年代以後の「サービスの危機」によるサービス工業化時期

20世紀70年代以降，一部の学者は従来のサービス部門が生産と利潤を増加させる一方で，労働力を吸収し，人間的で共同的な目的のためにそれを利用するという考え方を拒否し始めた。さらに，「資本蓄積の危機が起きたのは，蓄積と関係のある第3次コストの総量が投資に対する収益性を危くしているからである」という見解が強まっている。この解決策としては，多くの学者が「近代化，工業化，その他サービス部門の生産性を増大させる方法での，こうしたコストの削減を勧告している[22]」。

上述のように現代経済学上においてサービスをめぐる議論は，提起→分岐→肯定→疑問→否定などの歩みを経て，変わってきた。この変遷は経済実情の変化を反映し，受け止め，従うものであると考えられる一方で，現代経済学のサービス理論は，サービスの本質やその基本的趨勢を解明することが困難なために，その打開の行方の見通しも易しくはない。次は現代経済学のサービス論の不十分さと誤りについて指摘したい。

2 現代経済学のサービス論の誤り

現代経済学理論はサービス業という概念を第3次産業と混用している。各国において第3次産業の分類が一致しないうえに，複雑な現実を反映して，サービス業に対する議論にさらに困難な要因を増幅させている。

現代経済の発展によって，サービス概念の定義がその語源から広げられた。最も普通の使い方は，物質的な生産物ではなく生産活動そのものが売買される場合，その生産活動のことをサービス（或いはサービス生産）と呼び，その労働をサービス労働と呼んでいる。この場合，サービス生産に含まれるのは，商業，金融・保険業，医療，教育，理容・美容，接客業，観光業，公務などである。これは広義の定義といわれる。

---

22) J-C・ドゥロネ，J・ギャドレ，前掲書，190ページ。

第 3 章　マルクスの労働価値論によるサービスの規定

　ここで金子ハルオはこの広義のサービス業について 3 つの誤りを指摘した。[23]

　「(1)『電気・ガス提供業』をいわゆる無形の財の供給業と捉えることからサービス業の一種類とする見解があるが，サービス概念の俗流化から生じた謬見である」。

　(2)『商業』『金融業』を対象的生産物を生まない産業と捉えることからサービス業の一種類とする見解があるが，これもサービス概念の俗流化から生じた謬見である。これらが商品の流通過程およびそこから生じた信用にかかわる業務であり，サービスでないことはいうまでもない。

　(3)現代の『サービス業』おいては，ホテル業やレジャー産業のように，本質的には『土地資本』（建築地である土地に立脚している固定資本）の現物貸付を業務とするものが増大している。これらの『土地資本』たとえばホテルの建物・施設などは生産手段ではなくて消費手段であり，ホテル資本が雇用する労働者の労働（ホテルの従業員の労働）は，『消費手段としての固定資本を維持する消費労働』であり，これまでに述べたサービス労働とは区分されるべきである」。[24]

　現代経済学の主流はサービスの広義の定義を「売買される生産活動（労働）」に関するさらに広い定義に拡大させている。その定義によれば，労働者が機械設備を使って生産を行った時，労働者は労働するが，同時に機械設備もサービスを行ったと捉える。機械設備も労働者とともに生産に「役立った」ことになるからである。労働者のサービス（＝労働）（のコスト）への対価が賃金であり，機械設備（＝資本）のサービス（のコスト）への対価が利潤である，というような議論につながるわけである。このようにサービスを理解するならば，第Ⅰ部に指摘したように，第 3 次産業の中

---

23)　金子ハルオ，前掲書，52ページ。
24)　この点について，渡辺雅男「〈サービス業〉の再検討──〈サービス業〉における固定資本の現物貸付」一橋大大学院『一橋研究』第 7 巻第 2 号，1982年を参照。

の各部門は相異なる性格を持つために，一括りにされると混乱を引き起こしやすいし，サービスの本質解明に困難が生じる。

　理論の分析とは物の現象を透視して，その本質を摑むことである。マルクスは『資本論』において地代を分析する時，地代の広義の意味を避けて，純粋な地代の分析によって，科学的な地代論を作り上げたのである。サービスを分析する際にもこの理論方法で行うべきである。現代経済学のようにサービスの定義を広くとりすぎると，複雑な現象に目を奪われて，正確な結論を導くことができなくなると考えられる。

4　「マルクスのサービス規定は時代遅れ」という観点への批判

　マルクスのサービス規定が現代経済学によるサービス規定とは根本的な相違を持つことはすでに明らかにした。ところが，マルクス経済理論に基づいてサービスを研究する学者の間に「マルクスのサービス規定は時代遅れ」という見解が繰り返し主張されている。

　一部のマルクス経済理論研究者は，「マルクスのサービスに関する叙述と規定は19世紀半ばに当時資本主義経済の最も発展したイギリスを研究材料として行われたものであるために，時代的制約を免れない」と考えている。また，「マルクス以後，資本主義が著しく発展してきた現実を受け止め，サービスの概念を規定する際には，現代資本主義経済をも研究材料とし，マルクスの規定内容を豊富にさせ，現代に適用，発展させなくてはならない」と提起した。さらには，「マルクスのサービス規定自体を新しい規定へと修正ないし変更することも必要となる」と認識し，「マルクスのサービス概念の規定は現代においてはその一般的な妥当性を失った」などと明言している。一見するとこの観点はマルクスのサービス規定を発展させる有理な見解であるかにみえるが，よく分析するとこの見解は，マルクスのサービス概念の規定は現代において「発展」させられるべきものでも，

第3章 マルクスの労働価値論によるサービスの規定

「部分的な修正」によって維持されるべきものでもなく，むしろ根本的な修正によって新しい規定に変更されるべきものという考えであるということがわかる。後に第4，5章のサービス業に関する日本と中国の学界で行われている論争の検討の中で明らかになるであろう。

　これらの観点については多くの学者によって批判された。

　金子ハルオは次のように原則的な論述を展開した。「マルクスによるサービス概念の規定は，現代においてもその一般的な妥当性を有しており，いぜんとして現代のサービス現象を科学的に理解するための不可欠な理論的基礎である。それは，ちょうど『資本論』において与えられた商品，貨幣，資本，労働力，剰余価値，賃金，利潤，地代といった経済学の基礎範疇についての本質規定が，その時代的制約にもかかわらず，現代においてもその一般的な妥当性を有しているのと同様である」[25]。そして，「このことは，たんにマルクスの天才を意味するものではなく，マルクスが主な研究材料を取り出した19世紀中葉のイギリス資本主義が，サービスを含む経済学の基礎範疇について本質規定を引き出すのに十分な研究材料を有するまでに，すでに発達した資本主義であったことを意味する」[26]と述べ，マルクスのサービス規定は時代遅れのものではないことを明確にした。

　そして現代のマルクス経済学者にとってのディレンマは，マルクスのサービス規定をよく理解できない場合に陥る，2つの誤った考え方から生じる可能性がある。「一方で現実の『サービス』経済に注目すればするほど，彼らはマルクスによって裏切られる運命にある。なぜなら，マルクスの『サービス』概念はその安易な現代的適用を拒むからである。他方でマルクス経済学者がマルクスの『サービス』概念に忠実であろうとすればするほど，彼らはますます現実の『サービス』経済から遠ざかっていくことになる。なぜなら，彼らはマルクスの不生産的労働の世界に閉じ込められ

---

25) 金子ハルオ，前掲書，132ページ。
26) 金子ハルオ，前掲書，148ページ，注(11)。

てしまうからである。戦後半世紀以上にわたって続けられてきたマルクス経済学者たちの『サービス』の経済学的本質をめぐる論争は，この点に至って袋小路に陥ったといわざるをえない」と渡辺が指摘した。

　この論述は，マルクス経済理論の研究者たちに対して，サービスを分析する際に常に誤りに陥ってしまう2つの道に導く現代の背景事情を的確に指摘したものである。2つの典型的な偏向的考え方はつねに警戒されなければならない。すなわち，現実の経済サービス化ばかりにこだわり，マルクスのサービス概念やその原理的諸規定を無視するならば，複雑きまわる諸現象を整理し，秩序づける理論的基準を持ち合わせず，結局，現実問題を解明するのも困難になる。逆に現実の「サービス」経済から目を離してマルクスのサービス概念や規定にばかりにこだわるならば，理論上に閉じ込められてしまって，結局その理論成果は現実問題を説明できず無力となり，見捨てられてしまう。

　さらに，渡辺は次のようにみごとに明快に，整理し指摘した。「……マルクスの立場に立つ限り，サービスは『本来のサービス』（本書82ページの金子の定義参照──筆者注）であって，それをもって現代的な『サービス業』の発展を解明しようとすることは諦めなければならない。即ち，マルクスの立場に立つかぎり，現代的な『サービス業』にサービスという名辞を冠すること自体がそもそも誤りなのである。他方，現代的な『いわゆるサービス』（本書82ページの金子の定義参照──筆者注）産業の発展をあくまでマルクスの立場から解明しようとするならば，それをなにも『サービス』などという誤った概念で一括するべき必要性はさらさらなく，個々の活動の本来的な性格，つまり，それらの経済的・社会的・国家的・文化的・政治的・福祉的活動といった機能的本質を踏まえて，その市場化，あるいは，賃金労働化を粛々と解明していけばよいことである。そうした，さまざまな活動を適切に論じるためにも経済学批判体系の現代的発展が図

27）　J-C・ドゥロネ，J・ギャドレ，前掲書，217ページ，「訳者あとがき」。

第3章 マルクスの労働価値論によるサービスの規定

られなければならないのである。マルクスの立場からすれば，こうした異質な活動に『サービス』なる呼称を与え，それらをこの誤った概念の下に一括しようとするところにこそ，事態の本質を覆い隠す『俗流経済学』のイデオロギー的本質が現われているということになるのではないだろうか」[28]。

　この解釈は全くそのとおりである。筆者もこの立場に賛同する。現代的な「サービス業」という呼び方が完全に普及している今日には，マルクスの「本来のサービス」だけを取り上げたり分析したりするのは，十分ではない。「いわゆるサービス」も検討する必要が求められるのである。しかも，マルクスのサービスという概念は現代的なサービスという概念とははっきり区別されるべきである。マルクスの「本来のサービス」に対して，現代の普通に用いられているサービスという用語，「いわゆるサービス」の中にはきわめて雑多な種類の分野が含まれている。慎重に分類していつも具体的に解明していくことを心がけるべきである。

　上述のような観点に立って，筆者は，マルクスのサービスの狭義の定義は時代遅れのもの，誤ったものではなくて，むしろ現代経済学の広義のサービス定義と違って本来のサービスを検討したものであることを明確にしたうえで，サービスの本質を指摘するべきであると考える。

---

[28]　J-C・ドゥロネ，J・ギャドレ，前掲書，218ページ，「訳者あとがき」。

第4章　マルクスの労働価値論に基づく日本のサービス論争

　図3-1を見てわかったように，経済学史におけるサービス論争の中ではマルクスのサービス論述に基づいた論争は重要な一部分として知られ，多くの成果が挙げられた。

　第2次世界大戦後，マルクス理論研究の隆盛のもとで多くの成果を誇るのは日本である。自国の経済成長，特に第3次産業，いわゆる経済サービス化の発展に着目し，マルクス経済学理論をめぐってサービス論争を展開し，今日も続いている。

　日本におけるサービスに関する研究と論争は金子ハルオの整理によると，次の4つの段階に分けられる。

1　1960年代までの「サービス労働価値不生産説」（通説）

　第2次世界大戦後，日本では最初にサービス労働をめぐって論争が行われた。それもマルクス経済学理論に基づいて議論されたことは特徴的であった。焦点はサービス労働の本質に関するものである。すなわち，サービス労働は生産的労働であるか不生産的であるか，そして，サービス労働は価値を生むか生まないかという論点をめぐってである。

　当時，日本における生産的労働の研究は年々の価値生産物である国民所得を生産する労働の性格と範囲を解明するという視角から展開されていた。この時期の研究は論者が数十人に上り，論文数も百数篇に達するという活況ぶりで，他の国より抜きん出て，最も多くの成果が挙げられた。

　この時期に展開された生産的労働論争では，生産的労働の本源的規定を

根拠に,物質的生産活動が生産的労働であり価値を形成するのであってサービス労働は価値を形成しないとするいわゆる「通説」が定着した。この通説は,岩波書店『日本資本主義講座』(1954年)の中で都留重人,野々村一雄,上杉正一郎,広田純らによって主張され,金子ハルオの『生産的労働と国民所得』(日本評論社,1966年)で集大成された。

「通説」によれば,サービス部門は物質的生産部門で生み出された所得の再分配によって維持・扶養される部門として位置づけられる。

この時期の中心論点は,サービス労働が価値(商品の価値)を生産するのかしないのか,そして商品としてのサービスの販売によって生じる所得は,価値生産物である本源的所得からの支払いによって生じたその分配分である派生的所得であるのか,または本源的所得そのものの一部であるのか,という点にあった。その重要な分岐・対立とは次のとおりである。

1 生産的労働の本源的規定に基づく観点

一部の学者はマルクスの生産的労働の本源的規定によってサービスの生産性について検討を進めた。その主な観点とは次のとおりであった。

都留,野々村は「国民所得は年々の生産的労働の所産である。生産的労働とは,物質的富の生産の領域における労働であり,他人にたいするサービスを生産する労働を含まない[1]」と主張し,上杉,広田,田沼も「国民所得を生み出す生産的労働とは」結局「物質的富に実現される労働」である[2]と主張した。

この観点は生産的労働を物質的生産過程における労働に設定したものである。国民所得の計算には意味がある。しかし,生産的労働を考察する際に,その前提条件を重視しなければならない。とはいえ,すでに述べたよ

---

1) 都留重人・野々村一雄「戦後の国民所得」『日本資本主義講座』第8巻,岩波書店,1954年。
2) 上杉正一郎・広田純・田沼肇「戦後日本における国民所得統計」『日本資本主義講座』第9巻,岩波書店,1954年。

うに，マルクスの生産的労働の本源的規定と歴史的規定は違っている。そして，相違する社会経済形態のもとで，相違する経済発展段階において生産的労働に対する定義の提起が違うのである。たとえば，資本主義社会の生産的労働の定義は社会主義社会のとは違うのは当然である。社会主義社会では国民の生活向上を目指す目標をもつために，これに役立つ生産過程に関わる労働が生産的労働とみなされる。これに対して，資本主義社会では資本増殖を最大の目標として資本家に利潤をもたらすならば，どのような労働であっても，どの経済過程における労働であっても生産的労働であると認められるのである。こうした事情から，サービスを分析する際に，単なるマルクスの生産的労働の本源的規定だけから検討するならば，不十分であると提起される。

2 生産的労働の資本主義的形態規定に基づく観点

上述の生産的労働の本源的規定によるサービス労働について一面的に主張している論者に対して，一部の学者は逆に生産的労働の資本主義的形態規定からサービスの生産性について論述した。

これらの学者らは「生産的労働のみが国民所得を生産する」という命題を認めつつ，生産的労働の中にサービスも含まれるという考えである。有沢広巳，中村隆英は「原理的には，資本制的賃労働によってなされたサービスの生産は，少なくとも資本主義経済の分析のためには物財の生産と同様に生産的労働として国民所得に算入すべきだ」[3]と主張した。この観点は特にマルクスの『剰余価値学説史』によって，資本に雇用された学校教師や給仕や歌手の労働を生産的労働と述べた点に求められた。

確かに現代経済計算体系によれば，国民所得の中にサービスを含めて計算されるし，資本主義のもとで，資本に雇用された学校教師や給仕や歌手の労働も収入すなわち国民所得を生み出し，生産的労働であると認められ

---

3) 有沢広巳・中村隆英『国民所得』中央経済社，1955年。

ている。しかし，何度も強調したように，資本主義のもとで生産的労働であることは必ずしも価値形成労働と同一視することはできない。ところが，採用されている現行の現代経済計算体系は，国民所得を計算する際，サービスを含めほとんどの労働は国民所得を獲得できるために価値形成労働とみなされる。そして生産的労働と認められる。この経済計算体系自体が問題を残していることは自覚されていない。

3　従来の見解の一面性を克服しようとする論議の展開

上述の2つの観点からの指摘は，マルクスの生産的労働の規定の本源的規定と資本主義的形態規定とのそれぞれの面から検討した論点である。この認識に立った上で，金子ハルオは「国民所得を生産する生産的労働」は「社会的総資本の再生産過程の観点」から「本源的規定と資本主義的形態規定との2つの規定を統一したもの」として把握されなくてはならないと主張した。そして，一方では資本に雇用されても「いわゆるサービス労働」は国民所得を生まないとして，中村などを批判し，他方では物質的財貨をつくっても収入と交換される労働である「本来のサービス労働」は「たんなる使用価値」を生むだけで国民所得を生まないとして，西川清治が提示した「収入と交換される生産的労働」という範疇を批判した[4]。金子の研究成果は，それを支持する研究者からは「これまでの論争を総括した研究」であると高く評価された。筆者はこの見解に賛同する立場にたつ。

---

4) 金子ハルオ，前掲書，27ページ。

第4章　マルクスの労働価値論に基づく日本のサービス論争

2　1970年代〜80年代の「サービス労働価値生産説」(反通説・拡張説)

　1970年代に至って日本でもサービス経済化の傾向が明瞭となり，資本主義のもとでは，物質的財貨を生産する労働とともにいわゆるサービスもまた価値を生産すると主張するサービス労働価値生産説が多くの論者によって提起されるようになった。サービス部門把握のための理論構築という形で論争が展開されるようになり，サービス労働は無形の使用価値を生産し，それを素材的に担い手として価値を形成するという「反通説」(「拡張説」とも呼ばれる)が登場した。この説を展開するのは刀田和夫，馬場雅昭と飯盛信男である。

　この時期において論争はいっそう深く立ち入って展開された。すなわち，商品として販売されているサービスとは何か，サービスの一般的規定といわれるサービス概念をいかに規定するかという問題をめぐって，論争が行われている。この問題について主要な分岐は次のとおりである。サービスをサービス労働と不可分なものとして，その労働の有用的な働きとみなす「サービス＝労働説」──サービス労働価値不生産説（通説）と，サービス労働そのものとは客観的に区別される，その労働の独自の成果としての労働の生産物であるとみなす「サービス＝生産物説」──サービス労働価値生産説（反通説），というものであった[5]。

　また，サービス労働は無形の使用価値を生産し，それを素材的に担い手として価値を形成するという拡張説が登場した。この拡張説によると，運輸・通信業或いは電力・ガス業を典型的なサービス業としたうえで，物質的財貨とは異なる生産物が生産されていると把握し，サービス労働に価値の担い手としての生産物を想定する，ないし発見することによって，サー

---

5)　金子ハルオ，前掲書，184ページ。

ビス労働の価値形成性を説明することになった。ところがこの場合，主張される物質的財貨とは異なる生産物の実体とはいったい何かをめぐって，さらに論争は展開されている。

1 サービスの実体をめぐる相異なる諸見解

赤堀邦夫は物財に対象化された労働だけが価値を生むとみなすことからサービス労働は価値を生まないと考える「通説」の代表者として金子の観点を取り上げ，批判することを通して，「商品が物的形態をとるときには『物に対象化された労働』が価値であるが，商品がサービスの形態をとるときには活動状態の労働がそのままの姿で価値性格を帯びる」と主張する。資本家によって提供されるサービス労働は価値を生産するし，したがって，こうしたサービス労働を含め，資本主義的形態規定の意味での生産的労働だけが国民所得を生産すると主張する。ここで，赤堀はサービスを「活動状態の労働」としていた。[6]

ほかに吉沢文男がサービス労働の生産物は「有用効果」[7]であるとしていたが，青才高志も「物的成果をもたらすことのないいわゆるサービス労働」は「有用効果という生産物」を生産するのであり，「その限りにおいて本源的意味における生産的労働である」[8]とした。刀田和夫はサービス労働がそれ自体とは区別される生産物を生産しているのであって，商品として売買されているのは「サービス生産物」であり，それはまたサービス労働が「対象化，凝固」したものに他ならないとしている。すなわち，サービスを「無形生産物」とみなしている。[9][10]さらに，馬場雅昭は，マルクスも従来の諸論者も「サービス労働とその生産結果たるサービスを理論的に明確に区別していない」点こそが問題であるとして，サービス労働の「独

---

6) 赤堀邦夫『価値論と生産的労働』三一書房，1971年。
7) 吉沢文男「サーヴィス労働の生産的労働性について」駒沢大学『経済学論集』第1巻，第1・2合併号，1969年。
8) 青才高志「価値形成労働について」『経済評論』1977年9月号。

自の生産物」であるサービスは「生産されると同時に消失してしまう『即時財』，非耐久的使用価値」であり，それは厳密な意味での「労働の物質化」と把握できると主張した[11]。

これらの主張は，サービスを「労働」とみなし，または「無形生産物」とみなす見解である。サービスを活動状態の労働としそれを価値と捉える見方は，本来の価値概念とは合致していない。すなわち，価値に担い手がないからである。サービスを「無形生産物」や「即時財」などとみなす見解は，価値が対象化，物質化，凝固した抽象的人間労働であるという概念と対立している。この理由によってサービス労働は価値を生むという結論に導くのは無理であろう。

2 飯盛信男の新展開

ここで特に指摘するべきは，1970年代に飯盛信男が第3次産業の現状分析を試みて，サービス労働価値生産説の立場から独自な生産的労働論を展開したということである。飯盛によると，マルクスの生産的労働概念は，「①自然と人間とのあいだの物質代謝の観点からする本源的規定，②資本の価値増殖の観点からする歴史的規定，③生産力の発展にとって促進的か否かをみるための社会的再生産の観点からする歴史的規定，④国家機構の担い手を不生産的階級とする規定」から構成されていると提起した。これらの4つの規定をまとめて「体系的把握」として見る必要があると主張する。そして，社会的分業の発展および資本のもとへの労働の実質的包摂の進展とともに本源的規定の意味での生産的労働の概念が拡大することか

---

9) 刀田和夫「労働の対象化，物質化，凝固とサービス労働」九州大学『経済学研究』第42巻合併号，1977年。
10) 刀田和夫「サービス商品の価値と商品体(1)(2)」『経済学研究』第44巻第4・5・6合併号，第45巻第1号，1979年。
11) 馬場雅昭「サーヴィス労働及びサーヴィスについて(Ⅰ)(Ⅱ)」『旭川大学紀要』第13号，1981年，第14号，1982年。

ら，さらに進んでそれは，結局，サービス業はもとより商業・金融業を含む「社会の経済過程＝下部構造を担う労働全体を指すもの」となるとした[12)13)]。この観点によってサービスが社会的分業の発展によって社会の物質的生産部門の1つになり，『資本論』第1部第1章で与えられている商品の価値規定によって説明できるし，この根拠をもとにサービス労働が価値を生産するという見解を主張している。その後飯盛は金子，赤堀，石倉などに対してそれぞれを批判した。これを受けて，馬場，川口，広田などから反批判があり論争が繰り広げられた。

これまでに挙げた論者はサービス労働価値生産説を展開しつつ，商品として市場で売買されるサービスまたはサービス労働と商品の売買に携わる商業労働とを区別し，前者は価値を生産するが後者は価値を生産しないとしていたが，これに対して一部の論者は，商業労働もサービス労働に含まれるとみなすことから，商業労働も価値を生産するという見解までも主張した。伊藤岩は商業労働の一部分をなしている代理商・仲立商の労働はサービス労働であり，サービス商品の価値を生産するとした[14)]。松原昭は代理商だけではなく商業労働はサービス労働であり「サービス商品の価値が人間に対象化される」ように，「商業労働者の商業サービス商品の価値はそれを購入する人間としての産業資本家に対象化される」とした[15)]。その後，この見解について批判と反批判を重ねて，いわゆる商業労働論争が展開された。

こうして，サービス労働価値生産説の内部ではサービスの形態をめぐって相異なる見解をもっているが，「通説」に対してサービスは価値を生むという立場では一致し，「通説」の批判に対しても反論しながら展開している。ところが，これらの展開は，実は労働価値論に基づくサービスの検

---

12) 飯盛信男『生産的労働の理論』青木書店，1977年。
13) 飯盛信男『生産的労働と第三次産業』青木書店，1978年。
14) 伊藤岩「商品分析と唯物論」新潟大学『経済論集』第19号，1974年。
15) 松原昭「商業賃労働の生産的性格」『早稲田商学』第254・255合併号，1976年。

討の道からは離れてしまったのである。たとえば，マルクスは商業労働を流通過程の労働とみなし，価値不生産的労働であると明確にしているが，サービス労働価値説はそれをも価値生産的労働とみなすことになった。第3章に示したように，マルクスのいう本来のサービスとは消費過程にあるサービス労働である。流通過程における商業労働などは含まれない。

3　1970年代〜80年代の「サービス労働価値不生産説」(通説)の新展開

　1970年代のサービス労働価値生産説の展開に対応して，サービス労働は価値を生産しないと主張する「サービス労働価値不生産説」（通説）側は現実のサービス経済化の進展を背景として新たな展開をはかった。すなわち，資本主義経済では，物質的財貨もサービスも商品として販売されるのは事実であるが，人間社会における物質的財貨とサービスの意義は異なっているという史的唯物論の視点に立った労働観を強調し押し出したことである。要するに，人間社会は生産的労働成果である物質的財貨によって生産が行われ，また物質的財貨を生産しない部門の成員を含むすべての社会成員の生活を維持している。この根本理由により，サービス部門は価値を生まないが，物質的生産部門で生み出された価値（所得）の再分配によって維持・扶養される部門と見るべきである。

1　「物質的生産的労働価値形成説」を新たに補強する見解

　広田純は「商品の価値としてあらわれる労働にかんするかぎり，有用物を生産するかしないかは関係がない」が，「労働を対象化させるということは，人間にとって対象的な，一つのものを生産するということ」であり，「価値を生産するということは，商品の価値としてあらわれる労働を以上のような意味で対象化させるということであるから，価値を生産する労働は同時に有用物を生産する労働でなければならない」と論じて，「資本家

にやとわれて，商品として売られる有用物を生産するような労働者が，価値を生産し，剰余価値を生産するという意味で生産的労働者である」と主張した。[16]

　金子ハルオは，マルクス自身がサービスは価値を生まないと考えていたのであり，それは物質的財貨の生産を人間社会の存在と発展の根本条件とみなす史的唯物論の考えに由来するとし，「サービス部門を含む物質的財貨を生産しない部門は，物質的財貨を生産する部門の生産物である物質的財貨＝商品の一部分を配分されることによってのみ維持される。そういう意味で，サービスは本来『直接にはその支払いの元本をつくりださない』」として，「全社会的関連からみれば，サービスを消費するということは，結局サービスを媒介にしてそれに支払われた物質的財貨＝商品を消費することに帰着する」と主張した。[17]

　頭川博は「物質的財貨を生産する労働だけが価値を生産するという命題」を「『資本論』それ自体の論理展開に内在して論証する」ことを強調し，「具体的有用労働の抽象的人間労働への整約の本質的要件は相異なる具体的有用労働が市場で相対することにあり，相異なる具体的有用労働の市場での相対は双方がそれぞれの労働力の合目的的な支出行為とは分離独立した外在的な存在形態を受けとる場合にのみ可能であるから，物質的財貨を生産する労働だけが抽象的人間労働に約元され価値形成労働になる」と価値規定の根源に遡って述べた。さらにサービス労働価値生産説に対して，「資本主義的生産に適合的な生産労働の概念と商品生産の基礎上でのみ固有な二重的形態にある労働の立体的関係の両面にわたる取り違えに起因する根本的謬論にほかならない」と批判した。[18]

---

16) 広田純「国民所得統計・産業関連表によるわが国主要産業の剰余価値率の推計」『経済』1975年4月号。
17) 金子ハルオ「サービスの概念と基本性格」金子ハルオ他編『経済学における理論・歴史・政策——横山正彦先生還暦記念論文集』有斐閣，1978年。
18) 頭川博「価値形成労働の概念」一橋大学『一橋論叢』第84巻第2号，1980年。

第4章　マルクスの労働価値論に基づく日本のサービス論争

　これらの見解の特徴は，価値概念について物質的財貨の人間生存にとってもつ重要性や労働の二重性の本質に遡って検討し，サービス労働が価値を生まないことを証明しようというものである。そしてサービスについては，生産的労働論から価値論の基礎にまで立ち戻って解明しようとする展開である。

2　マルクスの2つの規定に基づく新たな見解

　この時期に上述の補強の諸観点以外に，「通説」はマルクスの2つの規定に依拠しつつ「反通説」を批判しながら，新たな見解を示した。

　荒又重雄は「2つの規定のそれぞれの歴史的限界性を吟味すること」が必要であるとし，「富と生産が資本制的形態を脱却し，社会的生産のなんらかのあたらしい形態が形成されてゆく過程」では，「生産物に固定化する労働とそうでないサービスとの区別は重要性を失い」，「社会的人間の労働の発展にプラスする労働力の支出こそが本源的な意味での生産的労働といわれる」であろうし，また「社会の生成・発展という視角からみた生産的労働」は「その労働によって労働の集団性がますます強化するような労働でなくてはならない」と展望している[19]。

　平実は「本源的（一般的）規定と歴史的（特殊的）規定とが完全に結びつくような場合における労働こそ，まさに言葉の正確な意味における生産的労働としなければならない」としながら，さらに，生産された「新たな使用価値は国民生活の正常な（平和的）向上，発展に役立つところの消費財および生産財としてあらわれ，そのこと自身が資本の価値増殖と直接に結びつくところの労働こそ真の意味での生産的労働と理解すべきであろう」と述べて，2つの規定の上に「国民生活の正常な向上・発展」という観点からするもう1つの規定を付加し，後者の規定を基準として軍需生産に従事する労働を不生産的労働，インフラストラクチュア建設（道路の大

---

19)　荒又重雄「生産的労働論新考」北海道大学『経済学研究』第25巻3号，1975年。

規模建設，鉄道の敷設など）に従事する労働を生産的労働としている[20]。

重森暁は『ドイツ・イデオロギー』に依拠して人間の社会的生活過程を「1 物質的生産過程，2 消費的生活過程，3 家族的生活過程，4 社会関係的生活過程，5 精神的（政治的）生活過程」の5つの契機・側面に分けて把握し，1を担う労働が本源的規定からする生産的労働であり，2，3，4，5を媒介する労働が不生産的労働であるとして，不生産的労働の種々な社会的役割を究明しながら，「社会の経済過程＝下部構造を担う労働」を生産的労働とし「社会の上部構造を担う労働」を不生産的労働とする飯盛の見解を批判した[21]。

上述の諸見解は，マルクスの2つの規定を踏まえて，新たな内容を付け加えることによって「通説」の観点を補強しようと努めている。たとえば，荒又の社会の生成・発展という視角から生産的労働を考える主張や平実の「国民生活の正常な向上・発展」を付け加えるという視点，そして重森の人間の社会的生活過程を5つに分けて分析する考えは「通説」の発展には重要である。ところが，その曖昧な点も残されている。たとえば，平実の「国民生活の正常な向上・発展」を付け加えるという視点によって，軍需生産に従事する労働を不生産的労働，インフラストラクチュア建設（道路の大規模建設，鉄道の敷設など）に従事する労働を生産的労働としているのは，不十分ではないであろうか。軍需生産は破壊的で「国民生活の正常な向上・発展」には貢献できないが，物質的財貨を生産することで価値を生む生産であるし，資本家に剰余価値（利潤）を生産するために，マルクスの一般的規定によっても，歴史的形態規定によっても生産的労働であり，価値形成労働であると見るべきである。単に「国民生活の正常な向上・発展」の理由で軍需生産を不生産的労働であると判断するのは無理であろ

---

20) 平実「生産的労働および不生産的労働に関する一管見」『大阪経済大論集』第113集，1976年。
21) 重森暁「生産的労働と不生産的労働」島恭彦監修『講座現代経済学Ⅲ 資本論と現代経済（2）』青木書店，1978年。

う。そして，インフラストラクチュア建設（道路の大規模建設，鉄道の敷設など）に従事する労働は通常国によって行われるために，公共事業になる。これらの労働は公的サービスであっても一般的規定によれば生産的労働であるが，歴史的形態規定によると資本増殖に役立てないために不生産的労働となる。

3　マルクスの2つの規定に準ずるサービスへの明確な把握

金子ハルオはマルクスのサービス概念について2つの意味を持っていると明瞭に整理した。第1の意味では，「資本と交換される労働」と対立する意味での「収入と交換される労働」のことである。第2の意味では，「物質的財貨の生産過程および流通過程」に対立する意味での「消費過程」に携わる労働のことであり，流通過程に携わる労働とともに本源的規定の意味における不生産的労働をなすものである。さらに，金子は第1の意味でのサービスを「本来のサービス」，第2の意味でのサービスを「いわゆるサービス」と呼んだ。

渡辺雅男はマルクスの観点に従って，サービスとは「ある使用価値の有用的な働き」であり，労働の果たすサービスは物に客体化される「現物サービス」とそうでない「人身的サービス」との2種類からなると分析した。そしてサービス労働を非物質的労働と同一視する通俗的な理解を退けつつ，「サービスをある使用価値の有用的働きと呼ぶ観点は使用価値の消費（実現）に関して問題にされている」として，サービスの概念は，そもそも生産過程ではなく消費過程における生産物や労働の有用的働きを意味し，その点で「有用効果」の概念とは区別されると主張した。そのうえで，渡辺はサービス労働の概念は「収入と交換される労働」としてのみ把握されるのであって，「サービス労働が資本に包摂されうる」という見解は成立しえないとし，結局，サービス労働が価値を生産しない根拠を，収入によって買われるところの消費過程に係わる労働というサービスおよびサービス労働の本性そのものに求めた。[22][23][24]

大吹勝男は渡辺と同様にサービスおよびサービス労働の概念を再考察して、「サービス労働とは，収入としての貨幣と直接に交換されて，消費部面において機能する生きた有用労働一般を包括する概念である」と規定した。そして「この労働と収入との交換は，直接的消費者の個人的消費のための収入と一般商品の交換と全く同じ『消費の一形態である』」のであるから，「そもそもサービス労働について価値形成を云々すること自体見当違いである」とした。そこから，大吹はサービス価格の考察にすすみ，「それ自身では価値を持つことのない，サービス資本家が販売するサービス商品の価格」は，「それを提供するために直接に要した労働量」によって規定されるのではなく，「結局のところ，一般商品価格を基底としてその上に受動的に成立する価格」であり，「サービス資本家が資本家としてサービス活動を維持してゆくうえで必要な一切の生産物の価格」によって規定されると主張した[25]。
　上述の諸見解は，マルクスのサービスの2つ規定に準ずるものであり，徹底的な展開である。立場の共通点はマルクスの規定によるサービスとは生産過程でもなく，流通過程でもない，消費過程に属するサービス労働であることを強調していることである。これは最も重要な把握の要であると考えられる。サービスとは通常の意味，つまり広義の意味では第3次産業のことを示し，物質的財貨に対して，非物質財貨を提供するすべての労働を意味している。しかし，マルクスのいうサービスはこれと違って，狭義の意味に限定しており，消費過程に関わるサービスしか指していない。こ

---

22) 渡辺雅男「雇用労働の諸形態」一橋大学大学院『一橋研究』第2巻第1号，1977年。
23) 渡辺雅男「労働のサービスと非物質的労働」一橋大学大学院『一橋研究』第3巻第3号，1978年，同「質料交換と生産的労働」一橋大学『一橋論叢』第81巻第6号，1979年。
24) 渡辺雅男「サービス概念の再検討」一橋大学大学院『一橋研究』第5巻第2号，1980年，同「労働と機能」一橋大学大学院『一橋研究』第6巻第4号，1982年。
25) 大吹勝男「サービスおよびサービス労働概念について」駒沢大学『経済学論集』第12巻第2・3合併号，1980年。

第4章　マルクスの労働価値論に基づく日本のサービス論争

の広義・狭義の2つのサービスの意味を区別せずにサービス規定を分析しても混乱を起こし，解明できないのも当然であろう。本論文では広義のサービスを4つに分けて，マルクスによって規定されたのは狭義のサービス，すなわち単なる第3次産業の一部である消費関連サービスであると明確化したうえで，消費関連サービスと公的サービスである軍事サービスを支える軍需産業とを中心にして考察するものである。

4　1980年代以降の「サービス労働・労働力価値形成説」(第3の説)

　1990年代に入って，1980年代の論争と研究成果を踏まえて，新しい見解が登場した。それは「通説」と「反通説」とのほぼ中間に位置し，第3の説（サービス労働・労働力価値形成説）と呼ばれる見解である。
　この説は，サービス労働を教育，医療，福祉，娯楽などの「対人サービス」に限定したうえで，サービス労働の成果を労働力商品という特殊な生産物において把握し，サービス労働は労働力価値を形成すると理解し，その（準価値を含む）価値形成性を主張する説である。すなわち，労働力の形成に関与するサービス労働のみがその消費者の労働力の価値（価値の一部）を形成（または生産）するという見解である。

1　第3の説の特徴
　第3の説の主張を整理すれば，2つの特徴がある。
　1つ目は，一方では，この説は「反通説」とは違って，一般にはサービス労働は価値を生産しないとしながら，他方では「通説」とも違って，そのサービス労働が労働力の形成に与える場合には労働力の価値を生産するとするのである。
　2つ目は，「通説」も「反通説」もサービス労働の価値形成性を論じる場合には，サービスの提供者である売手の所有する商品（サービス商品）

の価値について論じているのに対して，この説は，サービス労働はサービスの消費者である買手の所持する商品（労働力商品）の価値を形成するとするのである。

この2つの特徴によって「サービス労働・労働力価値形成説」は，「通説」と「反通説」のほぼ中間に位置しながら，「通説」とも「反通説」とも本質的に異なるもう1つの説（第3の説）と捉えられる。その代表者は斉藤重雄と櫛田豊である。

斉藤は，物財だけでなく，それを生産する労働力も価値をもつのであるから，労働力を形成するサービス労働も価値形成的であると主張している。しかも，労働力の形成に入り込む労働のみをサービス労働と定義し，物財生産部門以外で労働力形成に入らない分野は物財生産の延長もしくは流通過程にまで位置づけられるという捉え方である[26]。

櫛田は教育，医療，福祉，娯楽などいわゆる「対人サービス」部門において，人間の能力という物質的財貨と異なる商品生産物が生産され，それらは生産部門であり労働価値説が適用されると主張する。特に対人サービスのみをサービス部門とみなし，さらに進んで，企業関連サービスの個々の具体的業種を物質的生産の延長部門と商業・金融業から派生した流通部門とに分割する試みを示している[27]。

2 第3の説の主要論点

整理すれば，第3の説の主要な論旨は次の5つの点にある。
(1) 価値とは商品に対象化された労働（抽象的人間労働）であり，生きた労働であるサービス労働そのものは価値ではない。
(2) サービス労働は消費過程に属する労働であり，サービス労働過程は

---

26) 斉藤重雄『サービス論体系』青木書店，1986年。
27) 櫛田豊「サービス生産と再生産表式」『季刊　経済理論』第42巻第2号，2005年7月，83ページ。

人間の個人的消費行為とともに消費過程の一側面をなす。
(3) サービス労働は人間に対象化されるが，人間自身は商品化されない。
(4) 人間に対象化されたサービス労働は，消費過程の他の一側面をなす個人的消費行為に媒介されて労働力に対象化され，そこで労働力の価値の一部を形成する。
(5) サービスの「理論的性格」つまり本質は「商品生産物を生産しない労働」，「労働力商品の生産段階の一部を担い，その価値の一部を形成する労働」なのである。サービスとして販売されているものは自分の商品ではなく，他人の「労働力商品の価値の一部」というそれ自体は「商品」でないものであり，自分の提供するサービスを「商品」として販売しているかのように思えるのは，「仮象」すなわち本質を隠蔽し，それを転倒させて現しているような現象形態でしかない。

さらに，長田浩は斉藤・櫛田の理論的作業を踏まえて，第3次産業を対人サービス（労働能力形成），商業・金融・保険・不動産（流通部門），物財関連サービス（物質的生産の延長）に分割することを提案している[28]。

上述の観点をみると，第3の説はマルクスのサービス規定に部分的に依拠した主張である。「価値とは商品に対象化された労働」と「サービス労働は消費過程に属する労働である」という把握はそれなりに首肯できる。ところが，この説は「労働力を形成するサービス労働も価値形成的である」と主張する点では，労働力価値形成の特殊性を無視している。すなわち，労働力商品は確かに実在的であるが，それは通常の生産物と違って，直接の労働生産物ではなく，人間の消費行為の産物である。つまり，個人的消費によって価値が形成されると見るのは，価値概念に抵触する。そのような特殊な商品であって，労働力商品の価値は，その維持再生産費用（生活費）として，間接的に生活資料商品の価値によって表されるほかない。

---

28) 長田浩「サービス部門を含む再生産表式に関する覚え書」関東学院大学『経済系』第123集，1980年3月。

したがって，サービス労働の価値形成性を労働力価値と関連づけて説明すること自体に無理があるのである。

　以上は，「通説派」と「反通説派」の論者による「第3の説」に対する批判の論旨である。その後，価値論上，労働力商品が果たして価値を担わない商品と把握されてよいか否かをめぐって論争が続いている。

むすび

　日本においては主に3つの主要な論陣によってサービスの議論が展開され，しかもマルクスによって提起されたサービス概念や規定をめぐって検討が加えられ，議論が積み重ねられている。

　日本では先進資本主義社会として，サービス経済化の著しい成熟を背景として論争が行われている。しかも，マルクスの生産的労働論，サービスの規定，労働力商品価値論などをめぐって理論上に深くまで独自な検討，新たな観点を提起し合い，時代の変遷とともに論争を進化させている。これらの論争を通じて，マルクスのサービスの論述がいっそう理解しやすくなり，現代のサービスの本質もより深く解明できるようになった。たとえば，「サービス価値不生産説」（通説）は1960年代にマルクスの生産的労働の2つの規定をめぐって展開されたのに対して，1970年代に入ると，物質的生産的労働が価値を生産するという立場を補強する一方で，サービスの本質解明や，階級編成と国民所得などをめぐるテーマにも議論を拡張していった。「サービス労働価値形成説」（反通説）は「通説」を批判すると同時に，「通説」によって指摘された自らの弱点を修正し，独自の解明を進めた。「通説」と「反通説」との論争によって，サービスそのものへの認識や価値への認識がますます深められ明確になった。1990年代には「サービス労働・労働力価値形成説」（第3の説）が登場し，「通説」と「反通説」の論争を両面批判しながら第3の立場に立つようになった。マルクス

第4章 マルクスの労働価値論に基づく日本のサービス論争

理論上に労働力商品価値の特徴や本質などをサービスと関連づけてより深く究明するのにインパクトを与えるものと評価できるであろう。

　筆者は基本的に「通説」の立場に立つものである。日本の半世紀にわたるサービス論争を顧みると，「通説」は，「反通説」と「第3の説」から批判を受けながら，それを契機として，自らの立場をマルクスの労働価値論に忠実に，より厳密に鍛えあげてきたと評することができるであろう。

第5章　マルクスの労働価値論に基づく中国のサービス論争

　日本と同じように中国の学界でもマルクスの労働価値論に基づいて第3次産業もしくはサービスに関する論争が行われている。

　建国後，中国共産党は与党になり，マルクス主義学説が共産党の指導思想となった。中国においてサービス業の意義と評価をめぐる論争はマルクス理論に基づいて展開されることになる。最初は1950年代に遡ることができる。その後，中国の経済発展にしたがい，特に1978年の改革開放後，その論争はさらに激しく展開した。日本と同様に今日までも論争は続いている。

　中国学界のサービスをめぐる論争について筆者は4つの段階に分けて整理したい。それは①1950年代中後半〜1960年代中期（「文化大革命」の前に）——問題模索の時期，②1970年代末〜1990年代初期——物質生産的労働価値論を堅持する時期，③1990年代初期〜2002年——サービス価値論を強調する時期，④2002年〜今日——分析・総括する時期である。この4つの時期の論争を顧みると，中国の学界と研究者は中国の経済発展にともない，特に第3次産業の発展状況にしたがって，その関心点と観点を変えてきていることが分かる。そして，ますます分析的・総括的にサービス業を考察するようになっている。本章ではこの4つの時期の論争の検討を通じて，サービス業を分析するための接近方法と理論的基準を整理し，現代中国の経済発展段階においてサービス業そして第3次産業の発展の意義をどのように見るか，どのような基本政策をとるべきであるかを考える上での理論的指針を提言したいと思う。

1 1950年代中後半～60年代中期——問題模索の時期

　建国初期，中国においてマルクス経済理論は中国共産党の経済政策関連の指導理論として確立された。1952年に国家統計局が設立され，全国範囲での工業，農業総生産額調査が実施され，中国の工業，農業総生産額の計算が始まった。その後，工業，農業の計算は農業，工業，建設業，運輸業などの物質的生産部門まで拡大された。すなわち，「社会総生産額計算」が採用された。1956年，国家統計局は旧ソ連の「国民経済計算」を学び，中国で「物質平衡表体系」＝MPS体系を全面的に推し進めた。この体系は1980年代末まで使用され続けていた。その特徴とは物質的財貨の生産を中心として計算するものである。この体系は物的生産物の生産を重視する一方で，サービス業に対しては軽視するという風潮を理論界に醸成することになった，としばしば指摘されている。

　1958年に毛沢東の指示によって始められた「大躍進政策」が失敗し，その疲弊した経済を回復するために，1960年代初期に当時毛沢東に代わり国家主席となる劉少奇は市場主義を取り入れ，経済調整政策を実施した。この状況に要請され，経済学者たちは社会主義制度の下で商品生産と価値法則の地位，役割などの問題に注目が集まった。社会主義制度の下での生産的労働に関する論争も行われた。

　その始まりは当時の西北大学経済系講師何煉成が雑誌『経済研究』の1963年第3期において発表した「試論，社会主義制度下の生産的労働と不生産的労働」という論文であった。何はマルクスの労働一般的な原理と方法論に依拠することによって，生産一般と生産関係の角度から，社会主義制度における生産的労働と不生産的労働の問題について全面的に論述した。「社会主義社会においてすべての物質的生産部門の労働はどんな形をとろうとも（全人民的な，集体的な，ないし個人的な形でさえも）生産的労

第5章　マルクスの労働価値論に基づく中国のサービス論争

働に属する。具体的に言えば、これらの部門は農業、工業、建設業、交通運輸業と郵政電力業（生産過程に属する部分だけを含む），商業中の生産過程，物質的技術提供部門，農産物購入部門（保管，仕分け，運輸など生産過程だけを指す），生産のために直接にサービスを提供する科学研究部門，ほかの物質的生産部門（たとえば出版業，映画製作企業の直接生産部分）などが含まれている」という見解を提出した。

　その後，何は社会主義的生産関係の特徴を考慮しつつ，以上の労働の社会的属性について，「直接に全体社会の物質的および文化的需要を満足できる労働は生産的労働である。価値を生む労働である」と指摘した。この結論は，当時の中国学界で生産的労働概念の範囲を初めて拡大させたために，マルクス労働価値論に対する最初の新認識，新観点とみなされたのである。

　ところが，この時期に中国の学界では，物的生産の労働だけが生産的労働であり，価値形成労働であるという見方も幅広く受容されていたために，何による提起に対してはすぐに多くの学者が反対を表明し，第1回目の論争がまき起こった。当時の焦点は，「マルクスの生産的労働学説をどう理解すべきか」というものであったが，残念なことにこの論争は「文化大革命」によって中断された。

　検討してみると，何による「社会主義社会においてすべての物質的生産部門の労働はどんな形をとろうとも（全人民的な，集体的な，ないし個人的な形でさえも）生産的労働に属する」という認識は非常に明快で，正確である。社会主義社会において生産的労働に関して「物質的生産部門」を強調することが重要であるのはいうまでもない。しかし，何がその後に述べた「直接に全体社会の物質的および文化的需要を満足できる労働は生産的労働である。価値を生む労働である」という認識では曖昧になってしまった。当時の論争の最大焦点となった論点である。というのは，「直接に全体社会の物質的……需要を満足できる労働」というのは必ずしもすべて生産過程に属する労働ではないし，「直接に全体社会の……文化需要を満足できる労働」も必ずしも物質的労働ではないという点がまず明確になっていない。たとえ

ば，店や家で料理を作る労働は「現物サービス」という形で現れ，「直接に全社会の物質的需要を満足できる労働」であるが，消費過程に属する労働であるために，生産的労働であるとはいえないであろう。そして，「直接に全社会の文化的需要を満足できる労働」は生産的労働とみなされるのも無理がある。たとえば，宗教に対してどう規定するかという問題が問われるであろう。キリスト教は欧米の人々に広く信奉されており，伝統と文化の主要な一部分になっている。今日の中国でも信仰自由の政策を取っているために，仏教，キリスト教，イスラム教を信奉している人も多くいる。こういう状況になると宗教活動は完全に「直接に全社会の文化需要を満足できる労働」に該当するであろう。しかし，それを生産的労働とみなすのは困難であろう。さらに，これらの労働は生産一般の，つまり本源的規定で見た生産的労働ではありえないし，直接に価値を生む労働に結びつくことはできない。宗教が価値を生むとは想像できないであろう。

2 1970年代末～90年代初期——物質生産的労働価値論を堅持する時期

　1966年から1976年までに中国では「文化大革命」が起きて，社会全体の経済発展が困難に陥った状態の中で，経済理論もほとんど進展はなかった。

　1970年代末から80年代にかけて，中国は改革開放の政策を取り込み，社会的生産力を急速に向上させるために，中国は社会主義初級段階の発展途上にあるという判断のもとで，私営経済や個人経済を導入し始めた。この背景のもとで価値法則問題をめぐって論争が再び始まった。この論争は，社会主義経済における価値法則の地位，役割，社会主義商品経済と市場経済，計画と市場の関係などの問題に関連していた。前段階と違って今回の論争の特徴は，強い理論性を持つ一方で，強烈な現実性，実践的課題をも併せ持っていたところにある。この時期には国際的に通用している「国民経済計算体系」＝SNA体系が新たに導入され，これまでのMPS体系と並

第5章 マルクスの労働価値論に基づく中国のサービス論争

存する時期でもあった。

　1980年代初め,「生産的労働」をめぐって新たな論争が始まった。この論争は中国の社会主義市場経済発展の実践の中で提起され,国家の経済改革の中で生じた重大な現実問題の解釈と連繋していた。たとえば,一国の総合的な経済力をどのように算定するべきか,中国はどのような国民経済計算体系を採用するべきかなどの問題が提起された。この時期の論争によって,早くも学界では「広派」と「狭派」とが形成された。

　(1)「広派」の代表人物は当時中国社会科学院研究員の于光遠であった。「社会主義は公有制である。本質からいえば,社会主義的生産は全社会的生産である。それゆえ,全社会的範囲で物質的生産物の生産に参与する労働であるならば,社会主義的観点に立てば生産的労働と認めるべきである。具体的にいえば,社会主義制度の生産的労働は,物質的生産物を生産する労働,社会的消費の需要を満足する労働,生産物の交換と分配に従事する労働,精神品を生産する労働,教育労働,環境を保護改善する労働などを含むべきである。これらの労働は全部価値を生む労働であり,社会的富の増加,総合国力の表現に対する重大な意義を持っている」[1]と述べている。この主張についてよく検討してみると,以下の把握に問題があるであろう。

　第1に,「全社会範囲で物質的生産物の生産に参与する労働であるならば,社会主義的観点に立てば生産的労働と認めるべきである」という把握は,間違っていないと思われる。この「物質的生産物の生産に参与する労働」の中に,マルクスの本源的規定によると,物質的生産的労働とそれに付随するサービス労働が含まれているので,「生産的労働と認めるべきである」。しかし,その後,于が具体的に列挙する生産的労働とは「……社会的消費の需要を満足する労働,生産物の交換と分配に従事する労働,精神品を生産する労働,教育労働,環境を保護改善する労働などを含むべき

───────────

1) 于光遠「社会主義制度における生産的労働と不生産的労働」『中国経済問題』1981年第1期。

である」という見方であり，生産的労働の範囲の捉え方には大きな曖昧さと誤解とを含んでいる。これらの労働は消費過程，流通過程および分配過程に関連する労働であり，生産的労働とはいえない。

　第2に，于の「これらの労働は全部価値を生む労働」であるという断言は，さらに極端であり飛躍を含んでいる。「社会的富の増加」をもたらし，「総合国力の表現」となることをもって「重大な意義を持っている」と判断する際の理論的根拠が疑われる。すなわち，社会主義的観点から本源的規定に照らして生産的労働といえても，それがそのまま価値を生む労働であることに結びつけるのは，すでに述べたように明らかに理論上の誤りである。マルクスの本源的規定による生産的労働は「一定の使用価値または生産物を生産する具体的有用労働」のことを指している。これに対して，価値形成労働は特定の生産関係が行われる歴史的段階に属するものである。すなわち，社会的分業と私的所有制度の成立によって現れたものである。マルクスは生産的労働について本源的規定を与える一方，資本主義的な生産的労働についての歴史的規定をも具体的に，根源的に分析をしていた。この理由で，本源的規定の基準は，価値を生むかどうかという歴史的規定の基準とは異質であり直接に関係を持っていないことがわかる。価値形成労働とは，労働の二重性のうち，具体的有用労働ではなく，人間の抽象的労働であることを示している。それゆえ，本源的規定の基準に照らして生産的労働であるからといってそれが価値形成労働であるとはけっしていえないのである。一言でいえば，価値形成労働を判断する時，歴史的制度的条件と物質的対象性を前提に考慮しなければならないのである。

　第3に，マルクスによれば，資本主義的生産的労働は資本・賃労働という生産関係のもとで，資本のために価値増殖をもたらす労働と規定される。この基準に照らせば，農民の小生産は商品生産の労働であり，価値形成労働であっても，生産的労働とはいえない。つまり，社会的生産の有用な担い手になるからといって価値増殖労働ではないために，本源的規定で物的労働であり生産的労働であるからといって，資本主義的規定での生産的労

第5章　マルクスの労働価値論に基づく中国のサービス論争

働であるとはいえないのである。

(2)「狭派」の代表人物は当時の中国社会科学院顧問，経済研究所名誉所長孫冶方であった。孫は「広派」の観点に対して次のように反論していた。「最近，ある学者たちは社会主義条件のもとで教育，科学研究，文化芸術，サービスなどの部門が生産的労働に属するということを論じている。このような問題を提出する背景が2つあると思う。1つは，中国社会においてこれらの部門を重視させようと呼びかける意図を持っていること。もう1つは，20世紀末に1人当たり国民所得1000ドルを達成する目標について，なにか外国と比較できるものを見つけようとする意図を持っていることである。これらの考えはもっともなところがあるけれども，社会に重視を呼びかけるために，科学技術，教育や文化芸術，医療とサービス部門を生産的部門とみなし，これらの部門の労働が価値を生む生産的労働と認めることは，理論上で間違っているし，実践上でもわれわれの計画統計に大きな混乱を惹き起こす恐れがある。それゆえ，価値を形成する労働は物質的生産領域での労働しかない」[2]と指摘した。

孫の観点はマルクスの生産的労働の規定に忠実に従おうとするものであるが，よく考えれば検討するべきところがまだ残っている。

社会主義市場経済の条件下で，「価値を形成する労働は物質的生産領域での労働しかない」という主張は正当であり，支持できる。しかし，「生産的労働は物質的生産的労働でしかありえない」という観点は不十分である。マルクスの生産的労働の本源的規定によると，生産力が一定程度に高まると，物質的生産過程に関連する非物質的労働も全体労働の一部分とすることによって，生産的労働に帰属することになる。今日ではこのような労働は（特にサービス労働）ますます増えていく。このために，非物質的労働は生産的労働になるのも現実である。

2）　孫冶方「生産的労働は物質的生産労働でしかありえない」『経済動態』1981年第8期。

孫の論文タイトルは「生産的労働は物質的生産的労働でしかありえない」となっている。文章の中に「価値を形成する労働は物質的生産領域での労働しかない」という言葉が出ている。ここは１つ明確に区別するべき点がある。すなわち，「物質的生産領域での労働」と「物質的生産的労働」との相違である。特に現代経済社会において社会的分業の深化・派生にともなって，物質的生産領域で多種多様な非物質的生産的労働，たとえば，維持補修サービス労働，科学技術労働などが多く含まれている。この事情への配慮は，サービス労働の立ち入った分析・分類にとって重要になってくる。これらの労働は個別的労働からみれば価値を生まない労働であるが，総生産労働の観点から見れば，物質生産過程に関連する労働であるから，価値を生む労働になるのである。

3　1990年代初期〜2002年——サービス価値形成論を強調する時期

　1993年11月に中国共産党の第14回中央委員会第３次全体会議において「中共中央の社会主義市場経済体制を確立する若干問題に関する決定」が採択され，中国の社会主義市場経済は全面的にスタートした。そして，1993年よりMPS体系の国民所得計算は廃止された。中国の国民経済計算は，MPS体系とSNA体系の併存段階からSNA体系の一本化とその適用段階に入った。この転換は，従来の中国の国民経済計算体系が世界標準的な計算体系と不一致であったという状況を変えて一致させようとの意思を表明する一方で，中国経済が世界市場に組み込まれる時代の到来を意味している。新しいSNA体系ではサービス業は国民所得を生む産業部門と認められるために，以前の通念だった「生産が重視され，流通は軽視される」，「第１次，第２次産業が重視され，第３次産業は軽視される」という思考パターンの傾向を転換させることが期待された。理論上でも，サービス業や第３次産業もまた価値を生むという見地は，このSNA体系の導入によ

第 5 章　マルクスの労働価値論に基づく中国のサービス論争

って追い風を受け，促進されることになった。

　学界では労働価値の一元論と多元論をめぐって，「蘇（星），谷（書堂）の争い」をきっかけとした全国理論界の大論争が持ち上がった。その始まりは，当時の南開大学の谷書堂教授は『社会主義経済学通論』[3]という1冊本を出版し，非労働生産要素も価値を生むという見解を提出したのがきっかけであった。それに対して，当時の中共中央党校副校長蘇星教授は「労働価値一元論」[4]という論文を発表し，谷の主張について全面的に批判した。「労働しか価値を創造できない。物質化された労働はただの価値移転である」と「物質的生産部門の労働だけが生産的労働であり，価値を創造できる」と強調していた。その後，谷は『中国社会科学』雑誌で「新労働価値一元論」という文章を発表し，蘇の批判を検討し反論した。谷は，伝統理論と現実とのあいだの矛盾を解決する視角から労働概念の外延を拡大するべきだという新見解を提起し，この時期の論争を呼び起こした。

　以上の労働価値論論争に基づいて，当時の学界では第3次産業について，多様な見解が提示された。

　特に1990年代後半，多くの学者たちは市場経済の現実を見て，非物質的生産部門，すなわち第3次産業の労働が価値を創造することを否定するならば，理論上に不徹底であるだけでなく，理論の実践への指導にも有害であると受け止めるようになり，従来とは異なる観点から第3次産業は価値を創造するという命題を導き出し，異なる側面からこの命題を証明しようとする試みが現れた。この時期を「サービス価値論を強調する時期」と筆者は特徴づけておきたい。

　(1)　当時の遼寧大学教授宋則行は，社会的生産総体から見れば，第3次産業の各部門の労働も価値を創造すると解釈するのはマルクスの労働価値論と矛盾しないと強調した。ここで重要なのは，マルクスの「総労働者」

---

3)　谷書堂『社会主義経済学通論』上海人民出版社，1989年。
4)　蘇星「労働価値一元論」『中国社会科学』の1992年第6期に所収。

およびサービス財貨とサービス労働についての観点のための科学的な認識であると述べ，具体的に以下のように論じた。

「生産的労働概念の限界と労働価値論の適用範囲は広めるべきである。マルクスの『総労働者』の概念によって，間接に社会的生産のためにサービスを提供する部門も価値を創造する生産部門とみなされるはずである。したがって，サービス部門である第3次産業の各層の労働も，社会主義市場経済の条件のもとで生産的労働とみなすことができる」という観点である。

さらにこの観点について，宋はこう解釈した。「社会主義市場経済と現代資本主義経済は，生産資料所有制からいえば根本的な区別があるが，経済運行体制からいえば共通な面がある。すなわち，共に社会化された大規模生産と商品経済である。物質的形態の商品を生産するのであれ，非物質的形態のサービスを提供するのであれ，現在では，ほとんどは企業経営の形をとっている。企業として，経営活動によって利潤の獲得および蓄積をしなければならない。資本主義的企業は最大の利潤を獲得することを目的とし，作り出した剰余価値は資本家階級と資本家に奉仕する団体と国家に帰属する。社会主義的企業は社会的利益を配慮するが，利潤の獲得も必要である。生産した剰余は企業の拡大再生産と固定資産の拡大投資および社会，国家の公共支出に使用される。したがって，社会主義市場経済において，物質的生産物を生産する労働であれ，生産，流通，生活へサービスを提供する公有制経営企業で使用されている労働であれ，すべて価値を創造し，企業，集団，国家に『剰余』を提供する生産的労働である（これは社会主義市場経済の中にある私営企業にも適用される）」。

宋は「マルクスの『総労働者』の概念によって，間接に社会的生産のためにサービスを提供する部門も価値を創造する生産部門とみなされるはずであ

5） 宋則行「サービス部門労働も価値を創造する」『経済学家』第6期，1996年，75ページ。
6） 宋則行，同上，76ページ。

第5章 マルクスの労働価値論に基づく中国のサービス論争

る」という。この主張の当否は，「社会的生産」の内容理解の如何にかかっている。宋はそれを，経済活動，企業活動のような余りにも広義に捉えすぎているように思われる。というのは，その後「したがって，サービス部門である第3次産業の各層の労働も，社会主義市場経済の条件のもとで生産的労働とみなすことができる」と大雑把に拡大解釈しているからである。

確かに資本主義経済であっても社会主義市場経済であっても，その企業は剰余（利潤）を獲得することを目標としているが，しかし，取得した「利潤」はどんな階級に帰属するか，どこに再投入するかということは生産的労働に属するかどうか，価値を創造するかどうかという議論とは別の問題である。「利潤」の獲得は価値創造の問題であるが，「利潤」の帰属は価値分配の問題になる。宋のように「社会主義企業は社会利益を配慮するが，利潤の獲得も必要である。生産した剰余は企業の拡大再生産と固定資産の拡大投資および社会，国家の公共支出に使用される」という理由で，「社会主義市場経済において，物質的生産物を生産する労働であれ，生産，流通および生活にサービスを提供する公有制経営企業で使用されている労働であれ，すべて価値を創造する」と結論的命題を導くのは飛躍があり，説得的ではない。ここで混乱しているのは，「生産，流通および生活にサービスを提供する」労働を無差別に並べて分析していることである。まず，「流通と生活に提供する」サービス労働は本源的規定によって生産的労働ではないし，「公有制経営企業で使用されている労働で」あっても不生産的労働である。次に，これらのサービス労働は私的経済制度のもとにおいても価値形成労働にはならないし，「公有制経営企業で使用されている労働で」あるなら，さらに非価値形成労働であることが明確となる。

(2) 中山大学教授である李江帆は労働価値論の立場に立って，価値創造労働について独自な展開を提起した。「サービス価値論と労働価値論との関係を理解しようと，経済学界は価値論の2大論争に関わっている。その1は労働価値論体系外部の論争。焦点は，労働だけが価値を創造するか否かである。労働価値論の立場は肯定的な観点を持つ。非労働価値論は否定

的な観点を持つ。問題に対する正反対の異なる回答によって，労働価値論体系の内外分野を形成した。サービス価値論はサービス労働が価値を創造するという観点を堅持することによって，労働価値論に属する。その２は労働価値論体系内部の論争。焦点は，『物質的生産的労働』だけが価値を創造するか否かである。政治経済学の主流学派は肯定的な意見を持ち，価値を創造する労働には２つの条件があると考えている。１つには，物を作り出す（実はこの条件の論拠はない，マルクスもこう断言しなかった）。２つには，交換のために使用される。この考えには賛同できない。労働価値論によって価値を創造する労働は次のような２つの条件に変えるべきである。①使用価値を作り出す（実物形であっても非実物形であってもかまわない）。②交換のために使用される。その理由とは，価値の実体は物ではなく，商品生産者間の労働交換の社会的関係である。また，価値の担い手は使用価値であり，物ではない。サービス労働は，交換に使用する非実物形使用価値を作り出したから，価値を作り出すとみなすべきである。したがって，サービス労働価値形成論は労働価値論を継承し，発展させたものである。その適用可能な範囲は，第１次，第２次産業から第３次産業にまで拡大し，その『境域』を拡充したのである。これは労働価値論体系の流派であることに疑問の余地はないであろう。逆に，伝統的な政治経済学は表面的にマルクス主義を『堅持』しているが，実際にはマルクス主義の労働価値論を困難な立場に押し付けたことを自覚しなかった。第３次産業の比重の増加にともなって，その適用範囲はますます縮小していって，完全に当代の社会経済現象を解釈できなくなっている。この理由だけでも，現行の政治経済学教科書の『唯物品価値論』およびこれを土台にした一連の観点や範疇，たとえば社会総生産物，社会総生産価格，国民収入再分配などを，止揚する必要がある」[7]。

---

7) 李江帆「マルクスによる第３次産業理論の提示およびその現実意義」『福建論壇・人文社会科学版』第２期，2001年，7ページ。

第5章　マルクスの労働価値論に基づく中国のサービス論争

　李の新たな観点の核心は，価値を創造する労働の2つの条件の第1番目「物を作り出す」を「使用価値を作り出す（実物形であっても非実物形であってもかまわない）」に変えたところにある。一見有力そうにみえるが，吟味してみるとその不明点が現れている。

　まず，価値とは物質的に対象化された抽象的人間労働の結晶であるということは前述した。単に使用価値を作り出す労働が価値を生むという断言は不十分で一面的である。マルクスの生産的労働の本源的規定によって，生産力の向上，協業の拡大により，一部のサービス労働も生産的労働に帰属することはあるが，それも物質的生産に価値を付加できる条件を伴って規定されたものにすぎない。さらに，李は，「したがって，サービス労働価値形成論は労働価値論を継承し，発展させたものである。その適用可能な範囲は，第1次，第2次産業から第3次産業にまで拡大し，その『境域』を拡充したのである」と結論を導き出しているが，飛躍的で論述不十分だと思われる。周知のように，マルクスの労働価値論は価値が生産過程において創造されるものであるという基礎に立脚している。第3次産業においては流通過程，消費過程，分配過程の諸部門も含まれているのであって，勝手に価値創造労働の範囲は「第1次，第2次産業から第3次産業までに拡大」するのは「労働価値論を継承し，発展させたもの」ではない。理論上混乱させるものだとしかいえないであろう。

　次に，価値を生む労働は私的所有制度に帰属する労働である。この制度の前提を明確にすることなしに価値形成労働であるか否かの判断を下すのは早計にすぎる。言い換えれば，公有制の前提のもとでなら価値形成労働とはいえないのである。

　今日中国の場合は社会主義市場経済という独特な混合経済形態をとっている。社会主義公有制と私的所有制とが共存し，公有制企業が私的企業と競争し合っている現実において，企業設置形態ないし制度問題は複雑になっている。李のように，単純に使用価値を作り出す，交換に使用されるという2つの条件によって価値を生む労働であるか否かを判断するのは正確

ではない。たとえば，政府によって提供されるサービスは使用価値があるし，時には料金も徴収される。李の観点によればこの公務も価値を生むであろう。こうした考えから，第3次産業の労働はすべて価値形成労働と認められることになり，マルクス主義の労働価値論を誤った道に導いてしまうであろう。李のようにその前提条件を明確にせずに，一括して第3次産業の労働の生産性や価値形成性などを判断しようとすることは，結局誤解に導くとしか思われない。

もう1つ指摘したいのは，いわゆる「伝統的な政治経済学」の「唯物品価値論」（物を作る労働だけが価値形成労働であるという見解——筆者注）はマルクスの見地を全面的に理解していないものと李が判断した点である。マルクスは「総労働者」を論じる時，すでに生産的労働の本源的規定を拡張させていた。それは社会的生産力の向上，協業・分業に基づいて提出したものである。いうまでもなくその拡張は今日にも当てはまる。マルクスの理論を十分に理解すれば，李によるこのいわゆる「唯物品価値論」の批判は当てはまらないと考えられる。

実はこの時期にすべての学者が一様な見解を持っていたわけではない。高鴻業，呉易風，張維迎，丁堡駿等の学者は第3次産業の複雑さを受け止めていて，その労働は一方的にもっぱら価値を創造するか，それとも創造しないかという区分の仕方を批判していた。特に中国の社会主義市場経済という独特な経済制度のもとにおいて，各部門について具体的な分析が必要であると強調していた。第3次産業のうち，ある部門の労働は全部価値を創造する。ある部門の一部労働は価値を創造する。ある部門の労働は価値を創造しないという認識を持つようになった。一括して論じることは誤りに陥りやすいし，危険であるという理性的な批判が挙げられていった。しかし，この時期において，サービス業の顕著な発展，政府の第3次産業を積極的に奨励促進する方針など，現実は伝統的な理論を発展させるべき要請が強まってきていたために，中国の学界では第3次産業の労働は価値を創造するという見方が広まった。

第5章　マルクスの労働価値論に基づく中国のサービス論争

4　2002年〜今日──分析・総括する時期

　2001年7月1日に江沢民は中国共産党建党80周年を記念する報告において，「新しい歴史条件のもとで，労働と労働価値論への認識と研究を深化するべきである」と提起した。そして，国際基準である「93SNA」の研究に基づいて作られた『中国国民経済計算体系（試行方案）』は2002年に正式に出版され，今後の一定期間における中国の国民経済計算の規範と指導に用いられることになった。

　2003年10月14日に中国共産党第16回中央委員会第3次全体会議において，「中共中央の社会主義市場経済体制を完全にする若干問題に関する決定」が可決された。その中では「公有制を主体とし，多種所有制経済を共同に発展させるべき基本的な経済制度」という社会主義市場経済が特徴づけられた。

　この時機に応じて，学界では新たな論争が始まって今日までも続いている。

　今回の論争中にも第3次産業に関しては，サービス労働価値論を主張する立場は根強い。たとえば，北京大学マルクス主義学院李順栄教授は自身が担当した研究プロジェクト「2000年度国家社会科学基金項目」の中にある「マルクス労働価値論と中国的特色の社会主義」という課題研究報告において，次のように述べている。「サービス労働は生産的労働に属して，価値を創造する。サービス価値は第3次産業の労働者が創造したもので，他の領域から移転または再分配したものではない。これはわが国の産業構成の調整に，第3次産業を迅速に発展させるためにも大きな現実意義を持っている」。こうした見解に対して，多くの研究者は具体的な分析の重要性を強調しつつ批評をしてきた。1つの代表的な主張を取り上げて，検討してみよう。

107

西北大学教授葉祥松，白永秀は以下のように述べた。「第3次産業が価値を生むかどうかの問題について，一括して議論することはできない。第3次産業においてある部門の労働は価値を生む，また別の部門の労働は価値を生まない。その肝心な点は生産的労働と不生産的労働とを区別することである。正確に理解を進めるためには第3次産業の労働について具体的に分析することである。第3次産業の概念の内包と外延に関していえば，様々な国・政府によって，また経済学者によって，その認識は完全には一致していない[8]」と。

　さらに，「第3次産業の労働は価値を生むかどうかについて議論する場合に，価値の定義を分析するべきである。価値とは商品の中に凝固した，一般的無差別な人間労働あるいは抽象的人間労働である。この定義において『一般的無差別な人間労働あるいは抽象的人間労働である』の前に『商品の中に凝固した』という限定語をつけるのは非常に重要である。商品は価値の担い手である。マルクスの価値定義によれば，第3次産業において，ある領域の労働は物質的生産を行い，価値も生む。たとえば，商業雇員による運輸，保管，包装と加工する労働。ある領域の労働は物質的生産を行わないし，価値も生まない。たとえば，国家機関，政党機関の公務員の労働である。ある領域において，一部の労働は価値を生む，一部の労働は価値を生まない。たとえば，運輸業の中に貨物運輸業の労働は価値を生むが，旅客運輸業は価値を生まない。文化芸術の中では著述家の労働は価値を生む。彼らの労働は著作の有形な製品に凝固したからである。歌手と役者の労働は価値を生まない。ある領域の労働は直接に価値を生まないが，間接に生産領域の価値創造を促進できる。たとえば，情報提供業，国家機関と党政部門の労働である[9]」と分析した。

8）　葉祥松・白永秀「労働価値論におけるいくつかの重大な理論問題——兼論蘇星，谷書堂，何錬成の論争および再認識」『経済評論』第5期，2004年，21ページ。
9）　葉祥松・白永秀，同上。

第5章　マルクスの労働価値論に基づく中国のサービス論争

　葉，白は生産的労働，価値創造労働の規定について，その本質を捉えたところで正当で重要な指摘を行った。また第3次産業について具体的に分析する必要があるという指摘は適切である。とはいえ，彼らは具体的に考察を深める必要があるということを述べるところにとどまっていて，明確な理論的基準がなくて，その後に続く説明では矛盾をはらんでいる。

　第1に，「第3次産業におけるある部門の労働は価値を生む，また別の部門の労働は価値を生まない。その肝心な点は生産的労働と不生産的労働とを区別することである」という。ここでは「生産的労働と不生産的労働とを区別すること」によって，「第3次産業におけるある部門の労働は価値を生む，また別の部門の労働は価値を生まない」と判断することに直ちに結び付けられてしまっている。前述で指摘したように，この対応・接続は理論的な根拠を持たないのである。

　第2に，「ある領域の労働は物質的生産を行わないし，価値も生まない」と説明する場合，「国家機関，党政機関の公務員の労働」を持ち出すのは不適切である。価値形成性は物質的対象化と制度的条件を明確にして判断するべきである。「国家機関，党政機関の公務員の労働」は社会の上部構造にある，1つの特種な労働として扱うべきだと思われる。

　第3に，運輸業について，彼らはただ「貨物運輸業の労働は価値を生む，旅客運輸業は価値を生まない」と区別するが，説得力に乏しい。その理由は，価値形成労働の本質を摑んでいないことに起因していると思われる。マルクスによれば，生産過程においては，運輸業は貨物運輸労働であっても，旅客運輸労働であっても，流通過程に延長された生産業務であれば，使用価値の場所変更という生産的労働の発揮であり，使用価値の仕上げであるとともに価値を付け加える，価値を創造するのである。この特質ではその運輸サービスが貨物対象に提供されるのであろうと旅客対象であろうと，影響されない。しかし，消費過程に入ると，同じ運輸業でも，貨物運輸（宅配便利用の例）したり，旅客運輸（個人レジャー用利用の例）したりする場合は生産的労働でもないし，価値を創造することもないのであ

る。運輸労働を分析する場合には，輸送の対象の相違によって判断するものではないが，物質的生産過程に関連するかどうかという基準で判断するべきである。

むすび

　以上の論争の回顧が示したとおり，今日の中国の学界では複雑な第3次産業問題に対して，より具体的に分析する必要があるという要請が強くなってきていることがわかる。その際に考察対象のおかれた制度的前提条件や企業設置形態など，経済的形態規定のための諸条件について配慮や明示・明確化を怠ってはならないと考える。

　中国の学界では，建国後何度も労働価値論論争は自国の社会主義経済発展，重要な経済政策策定の節目ごとにともなって展開されている。今日，中国の社会主義市場経済は前例のない独自な経済実践であるために，マルクスの労働価値論をどういうふうに理解，適用するべきか，そして中国の第3次産業を迅速に発展させる政策は何を注意するべきかなど，諸課題に直面している。政策面では第3次産業に対する認識も変わりつつある。たとえば，2003年に中国は1985年に制定した3つの産業の区分範囲を調整し，新たな「3つの産業区分規定」を作り出した。新たな変化は2点あり，しかも2つとも第3次産業に関わっている。「その1，経済活動の性質によって，農，林，牧畜，漁業に関連するサービス部門は元の第3次産業から第1産業へ帰属させること。その2，以前より第3次産業への段階の区分を今回の産業分類で取り消すこと[10]」。中国は先進的な資本主義国であるアメリカや日本と違って，まだ途上国であり，社会主義市場経済である時期，社会主義の初級段階にある。第3次産業の発展は国の政策によって人為的

---

10)　『経済日報』（中国版）2003年5月23日。

第5章　マルクスの労働価値論に基づく中国のサービス論争

に促進させるものである。このような時期にこそ第3次産業のための冷静で客観的な適切な状況把握と認識が最も必要になってくる。理論界で道理ある的確な認識が提供されるならば，政府の政策は正しく方向づけられ，第3次産業は健全な発展が期待できるであろう。

　すでに述べたように，今日の中国は社会主義公有制を主体とすることを強調する一方で，多種経済形式を並存する方針のもとに経済発展を推進している。非公有制経済，私営経営を認めることによって，中国経済は二重の混合した性格を持つようになった。この状況によって，サービス業の分析上，混同混乱が生まれやすくなっている。社会主義であるゆえに，全社会の発展へ貢献できるという理由で，あるいは国民の生活向上に貢献できるという理由で，社会部門の労働すべてを生産的労働とし，特にそのことをもって価値形成労働とみなしてしまうのは，正しい見地ではない。この一括論は理論的に誤っているばかりでなく，実践的にも有害である。

　中国のように社会主義市場経済を推進している国ではもっと複雑な情況に直面しているために，より正確な理論化が要請されている。マルクス経済理論を深く理解し，サービス分析の理論基準を踏まえて，具体的にきめ細かく分析し，本質的なものを探り出して，実践を指導する理論を創造することは，現代の学者の責任であると思う。

第6章　単純再生産の条件下でのサービス表式の確立

　以上の分析によってわかるように，第3次産業の特質を解明しようとするならば，マルクスの生産的労働論，価値形成論，そしてサービスへの規定を理論根拠として具体的に分類するべきである。第Ⅰ部においては第3次産業の諸部門を生産関連サービス，流通関連サービス，消費関連サービスと公的サービスの4つの部門に分けた。生産関連サービスは生産的労働であり，価値を形成する労働であるという特徴を持っているために，物質的生産的労働に包含されてよい。流通関連サービスに対しては，その独自な特徴をもつために，今後の研究に委ねたい。本章では考察対象を限定して，狭義のサービス，すなわち消費過程において，物的財貨を作り出さない点で，生産的労働論の観点からの本源的規定によって不生産的労働であるとともに，資本主義的形態規定によって価値も形成しないという特徴をもつ消費関連サービスを中心として，マルクスの再生産理論に基づいて検討する。この主題も中国政府の関心の高い分野である。

　中国は改革開放以来，社会主義市場経済という経済制度のもとで，30数年間の急速な経済発展によって生産力を著しく高めている。一定の生産力を獲得しつつある反面で，市場経済による貧富の格差問題も顕現した。社会主義社会として，この問題を無視することは許されない。胡錦濤，温家宝指導部は改革成果を人民全体に分配しなければならないと提起した。そして，政府の重点目標は生産力の向上から人民の生活の重視に移行している。教育問題，医療問題など消費領域において普通の人々にとって最も身近な生活条件の諸問題を取り上げて解決をめざす方針である。これも本章が関心を注ぐ問題でもある。すなわち，第3次産業の中にある消費関連サービスは社会的総再生産の中でどのような位置をもっているのか，そして，

その発展，拡大によって他の部門との関係はどうなるのか。これらの問題を解明するために，マルクスの再生産表式に組み込んで検討する必要がある。最後に公的サービスは独自な特徴を持つが，消費関連サービスに相似なところがあるために，本論文でも少し触れるが，詳しい検討は今後の研究に委ねたい。

1 サービス部門の再生産表式における位置づけ

　サービス部門の国民経済に占める比重の増大を反映して，これまで，多くの論者（主に日本の学者の研究を中心にする）がサービス部門を組み入れた再生産表式を作成してきた。サービス把握や位置づけなどいくつかの問題点について議論が行われており，その理解の違いによって種々異なる表式が作成提案されてきた。まず，これらの問題について主な観点を整理する。そして，本論文の立場を確定したうえで，サービスすなわち消費関連サービスの再生産表式の作成を試みたい（以下では特別な注記をしない限り，サービスは消費関連サービスを指す）。
　サービス部門を再生産表式で検討しようとするとき，まず目前に与えられる問題は，それを再生産表式に導入する構想自体がはたして適当であるかどうかの問題である。この問題をめぐって，日本の学界では次のような4つの論点をめぐって論争が行われた。

1 サービス部門の再生産表式における位置づけをめぐる論争

　この点に関しては，次のような4つの見解が対立している。
(1) サービス部門それ自体を表式に組み入れられないとする立場（山田喜志夫）
　山田喜志夫は，「サービス部門は，生産物を生産しないでただ消費（不生産）するのみであって不生産的消費者としての基本性格をもつものであ

第6章　単純再生産の条件下でのサービス表式の確立

る」という基本的理解をストレートに反映されて,「再生産表式は,社会的総商品資本の循環を表わすものなのであって,商品資本を生産しないサービス部門自体が,この表式の中に明示的に取り入れられるべきではない」と述べている。

この見解は基本的に賛同できる。確かにサービス部門を生産部門と同一視して並列することはできないが,しかし総商品生産物の多数の諸成分の素材的・価値的諸転換がサービスの売買を通じて媒介されるのも事実であるし,サービス部門において使用される物的活動手段（生産手段に準ずる）や労働者の消費物資なども生産部門において生産されなければならないので,社会的再生産への影響は無視できない。筆者は,再生産表式に特別な扱いとして組み入れる必要があると考える。

(2) 第Ⅱ部門の亜部門として組み入れる立場（赤堀邦雄[3],藤島洋一[4]ら）

この見地は,サービスを生産的労働であり価値を形成する労働とみなす認識を前提としそれと照応する立場である。筆者は賛同できない。

(3) 第Ⅲ部門として独立化させる立場（川上正道[5],飯盛信男[6],長田浩[7]ら）

この見地は,サービス部門が生産的部門である第Ⅰ部門,第Ⅱ部門と異なる特徴をもつ点を考慮して,第Ⅲ部門として独立させるのだが,しかし,この設置はマルクスの再生産理論の「二部門分割の絶対的妥当性」（詳しい説明は後の第Ⅲ部第7章のところにある）という前提を否定し,サービス

---

1) 山田喜志夫「社会的総資本の再生産におけるサービス部門の位置」一橋大学『経済研究』Vol. 19, No. 2, 1968年4月,162ページ。
2) 山田喜志夫『再生産と国民所得の理論』評論社,1968年,121ページ。
3) 赤堀邦雄『価値論と生産的労働』三一書房,1971年。
4) 藤島洋一「マルクス再生産表式とサービス部門」鹿児島大学『経済学論集』第12号,1975年3月。
5) 川上正道『国民所得論――その現代経済学的体系の批判』新日本出版社,1973年。
6) 飯盛信男『生産的労働の理論』青木書店,1977年。
7) 長田浩「サービス部門を含む再生産表式に関する覚え書」関東学院大学『経済系』第123集,1980年3月。

部門を第Ⅰ部門，第Ⅱ部門と並列して第Ⅲの生産部門とみなすものである。言い換えれば，サービスを第Ⅰ部門，第Ⅱ部門の労働と同じように扱って，結局は生産的労働とし，価値を形成する労働とみなす立場に立つことになる。同様に筆者は賛同できない。

(4) 第Ⅰ・Ⅱ部門とは次元を異にするものとして組み入れる立場（井村喜代子，大野秀夫，姜昌周ら）

井村喜代子は「再生産表式にサービス業関係の問題を取り入れる場合，われわれは，まず，『サービス部門』そのものを一部門として設定する必要があると考える」と述べる。大野秀夫もサービス部門は第Ⅰ部門や第Ⅱ部門とは次元を異にするものだと主張する。「……不生産的部門としてのサービス部門を考察の中心におくが，特に断らない限り，これを単にサービス部門と呼ぶことにする」。同じように姜昌周は「サービスを二大部門と並列的に第三部門として取り扱わずに，再生産過程の外部に，つまりその枠外に位置づけることにする」。

この見地は筆者が賛同できるものである。

2 「生産関連」と「消費関連」の取り扱いをめぐる論争

この問題について主に次のような2つの立場がある。

(1) 川上，長田らは「生活関連サービス」とともに「事業関連サービス」(「生産財的サービス」あるいは「コスト・サービス」) をも組み入れる立場である。

前述したように，「生産関連サービス」は生産的労働であり，価値形成する労働でもあるために，第Ⅰ部門，第Ⅱ部門の中に組み込んで，物質的

---

8) 井村喜代子「『資本論』と日本資本主義分析——再生産表式論をめぐって」『思想』第515号，1967年5月。
9) 大野秀夫「サービス価格の変動と再生産」『金融経済』第134号，1972年6月。
10) 姜昌周「再生産とサービス部門——川上正道教授の所論批判」『大阪経済法科大学経済学論集』第3号，1979年3月，76ページ。

第6章 単純再生産の条件下でのサービス表式の確立

生産と同じように扱うことができる。特別に取り出して検討する必要はない。

(2) 山田（喜），赤堀，飯盛，姜らは「生活関連サービス」（消費財的サービスあるいは「ファイナル・サービス」）だけを組み入れる立場である。

山田は「サービスは，個人の消費過程，つまり労働力の再生産費あるいは資本家の個人的消費のために費用に入り込み，消費費用に属している」と述べた。[11]

これは本論文の立場と同様である。

3 サービス部門の物的活動手段（不変資本に準ずる）の補填をめぐる論争

ここで1つの説明を付しておかなければならない。そもそもサービス，すなわち消費関連サービスを分析する際に，マルクスの立場に立つならば，それは不生産的労働（本源的規定）であり，価値を生まない労働（資本主義的形態規定）であることは明瞭である。ところが，日本の学者の多くは，この立場に立ってサービスを論じながら，サービス部門の物的活動手段をまだ「不変資本」と呼び，cという記号で表示して表式の説明を展開しているのである。これは首尾一貫しないものである。筆者はこの点を考慮してサービス活動の必要な物的財貨は「物的活動手段」と呼び換え，井村の表示記号を参考にして，Scという記号で表式を作成し，説明したいと思う。同様に労働者の「可変資本」の部分も「労働力の商品」を呼び換え，vではなくwの記号で表示する。資本家の「剰余価値」の呼び方はそのままで使えるが，剰余価値を生まないために，その記号はmを換えてpを使用する。

サービス部門の物的活動手段の問題について次のような2つの見解が分かれている。

(1) 川上，赤堀，飯盛，井村，藤島，長田らは第Ⅰ部門から素材補填さ

---

11) 山田喜志夫，前掲論文，160ページ。

117

れる理解を持っている。すなわち，サービス部門の物的活動手段を生産手段とみなしている。

井村はサービス部門の投入・産出ないし収入計算として，このような定式を示している。「〈サービス部門〉，サービス部門用財貨Sc（固定設備消耗部分＋流動的資材）＋賃金w＋利潤p＝サービス」であり，ここではw，p部分については各部門内の内部取引により，また第Ⅱ部門との相互取引によって補塡されるのに対して，Sc部分の補塡の特殊性が強調されているのである。Sc部分の補塡については，第Ⅰ部門，第Ⅱ部門とは別に，「サービス部門用財貨生産部門」を設定する。この「〈サービス部門用財貨生産部門〉，c＋v＋m＝サービス部門用財貨生産部門においては，cは生産手段の補塡であるから，第Ⅰ部門（細分割では，労働手段とサービス財貨用原材料）よりの一方的流通があり，v＋mについては第Ⅱ部門と『サービス部門』よりの流通がある。したがって，『サービス部門』（Sc部分）と『サービス部門用財貨生産部門』，さらにはこれらと第Ⅰ部門・第Ⅱ部門との間に生産物とサービス流通が行われる関係になる[13]」。

川上によれば，サービス部門用の財貨を生産する部門を新たに設定しない。サービス部門のw部分は第Ⅱ部門によって補塡され，p部分は自部門と第Ⅰ部門によって補塡されるのに対して，Sc部分は第Ⅰ部門によって補塡される，つまりサービス部門の物的活動手段を生産手段とみなしているのである。

(2) 山田（喜），大野，姜らは第Ⅱ部門から素材補塡されると理解しており，サービス部門の物的活動手段を消費手段とみなしている。

山田は，第Ⅱ部門（消費財生産部門）を，生産的部門で消費される消費財（生産的部門の労働者および資本家によって消費される消費財）を生産するⅡa部門と，サービス部門で消費される消費財を生産するⅡbとの二亜部

---

12) 井村喜代子，前掲論文，195ページ。
13) 井村喜代子，前掲論文，196ページ。

門に分割する。サービス提供に必要とされる物的活動手段も，サービス部門の労働者・資本家に消費される物的消費財も，このⅡb部門によって補填される，と考えている。

大野と姜もこのような見解を持っている。つまり，サービス部門の物的活動手段を消費手段とみなしている。姜は「サービス部門の不変資本（原文のまま──筆者注）は，財貨の再生産圏の枠外に存在する消費過程において，たとえば医療労働や行政サービスという有用効果に体現され，消費費用として加算されて非生産的に消費されるものにほかならない。言い換えれば，この不変資本（原文のまま──筆者注）は，サービス部門を迂回して部分的にまたは全部的に個人的消費過程に入り込む，ある種の消費手段にすぎない。それゆえ，それは素材的には第Ⅱ部門から補填されなければならない性格のものである」と述べた。

この見地はサービスの本質を掴んだ道理あるものであり，筆者が継承したい観点である。

4　資本家階級と労働者階級のサービス需要の担い手の取り扱いをめぐる論争

この問題については以下のような2つの考えがある。

(1) 川上だけは剰余価値からのみ，つまり資本家階級によってのみサービス需要が行われると考えている。この考えは十分ではなかろうか。サービスは現代になってからその発展にしたがって昔のような貴族や王室に専属なものではなくなり，普通の人々の生活の営みの一部分に深く浸透している。しかも，一部分は労働者の労働力を再生産する不可欠の部分をなしている。この部分は労賃の一部分になるのも当然である。

(2) ほとんどの論者，山田（喜），赤堀，飯盛，藤島，姜，大野，長田らは剰余価値と労賃の両方から，つまり資本家階級と労働者階級によってサービス消費が行われるとの立場である。この観点は正しくて賛同できる。

---

14) 姜昌周，前掲論文，69ページ。

5　まとめ

　以上の諸見解の観点をまとめて筆者の立場を確立したい。

　まず，すでに述べたようにサービス部門の位置づけに関しての観点は従来から２つの対立的な見地がある。１つはそれを不生産的部門（本源的規定）で，価値を生まない部門（資本主義的形態規定）として扱う立場であり，もう１つは生産的部門，価値を生む部門とする立場である。この２つの対立する理解から，サービス部門を再生産表式の中に組み入れる際に，部門構想や価値補塡理解など同類の認識を持っていても，相異なる結論を得てしまう。たとえば，同様に第Ⅲ部門としてサービス部門を独立させる立場に立っても，川上はサービス部門を不生産的労働部門として扱うので，価値を生まない視点からその分析を行った。これに対して，飯盛はサービス部門を生産的部門として，価値を生む部門として再生産表式を作った。この最初の出発点の違いによって最後の結論も全く違う帰結を導いている。この事情を考慮して，第３次産業の中の各種類のサービス業をまず分類してから，それぞれを再生産表式に組み入れ，検討するべきであろう。

　本論文の分類によると，生産関連サービス業は物質的生産に関連し，生産過程に帰属するために，物質的生産の性格を持ち，その一部になるのである。したがって，マルクスの再生産表式の基礎表式によってその特性や作用などが表現されている。言い換えれば，基礎表式のⅠ部門，Ⅱ部門の運動の中にすでに埋め込まれているといってよい。本論文ではこの部分の検討は除外する。

　流通関連サービス業は独自な特徴を持つために，以後の課題として残すつもりである。

　公的サービスに関しては，第Ⅲ部において軍需産業を事例として取り上げる。

　本章では消費関連サービス（以下はサービスと略称）を再生産表式に組み入れる。従来学界で論争されてきた４つの論点について改めて簡潔に筆者の立場を再確認しておきたい。

第6章　単純再生産の条件下でのサービス表式の確立

　(1)　サービス部門は再生産表式に組み入れるべきである。再生産表式は全社会における各部門の関係を表すものである。現代経済活動の中でこれらのサービス業が占める比重が大きくなりつつあるために，それらを再生産表式で取り扱わないとすれば，その経済全体へ与える影響を反映できないだけでなく，再生産表式の機能も弱くなる恐れがある。サービスを再生産表式に組み入れる際，その位置づけは社会的再生産の外に置いて，単に第Ⅱ部門の生産物を消費する1つの特別な存在として扱う。サービス業は物的生産に関わらないし，消費過程に帰属する特徴を持つために，マルクスの基礎表式のⅠ，Ⅱ部門の2つの生産部門にも，また，第Ⅲの生産部門にも，属させることはできないからである。

　(2)　本論文の研究対象が限定されたために，消費関連サービスだけを再生産表式に組み入れる。

　(3)　サービス部門の物的活動手段の補塡は第Ⅱ部門によって行われる。「サービス部門が資本によって営まれるかぎりでは，物的活動手段が必ず必要である以上，消費手段でしか補塡しないという考えには無理が生じて，不足が残される」という批判がありうる。これに対して本論文は，消費過程に向かうサービスだけを検討するために，これらのサービス部門は不生産的で，価値を生まない性格を持つことから，その物的活動手段も消費財として見られるべきであり，第Ⅱ部門によって素材・価値を補塡されるべきであろう。

　(4)　サービス部門の補塡について，剰余価値と労賃両方から，つまり資本家階級と労働者階級とによって補塡が行われるという立場をとる。

　以上の観点を確認したうえで，本章はサービスを組み入れてサービス単純再生産表式を作成してみたい。

2　サービス再生産表式の成立

　日本の学者たちの研究は拡大再生産の想定のもとでサービス表式を作成する場合が多い。しかし，拡大再生産の独自性は蓄積すなわち剰余価値の資本への転化という契機に基づいている。この独自な契機はサービス部門の特質や他の生産部門への影響などに直接かかわるものではありえない。本章では，蓄積の契機を捨象して，サービス単純再生産表式だけを作成し，説明することで，課題の趣旨を果たすことができると考える。

1　サービス単純再生産表式の成立
まずマルクスの単純再生産の基礎表式に基づいて作成する。

　　基礎表式：
　　I　　$4000c + 1000v + 1000m = 6000$　　……生産手段の生産部門
　　II　　$2000c + 500v + 500m = 3000$　　……消費手段の生産部門

　この基礎表式に基づいて，サービス単純再生産表式を作成する前提を次のように設定する。
　(1)　サービスは，サービス部門を含む労働者と資本家の二大階級がそれぞれの所得10％をもって購入し，消費されるものと仮定する。
　(2)　サービス部門を再生産過程の外部に位置づける。
　(3)　サービス部門物的活動手段＋人的要素の費用構成（生産部門の資本構成に相当する部分）は第I部門，第II部門との資本構成と同じように4：1の比例で，剰余価値率は100％にする。
　(4)　サービス部門は物的生産物を生産しないし，価値を生まないために，その価格を組み立てる三構成部分はc，v，mを立てることができない。

第6章 単純再生産の条件下でのサービス表式の確立

その区別のために，Scでサービス部門の必要な物的活動手段を表示し，wはサービス部門の必要な労働者の消費財を表示し，pはサービス部門の資本家の利潤を表示する。

(5) 第Ⅰ部門，第Ⅱ部門における労働者階級の賃金vの支出を物的消費財への支出とサービス消費の支出の2つの部分に分けると仮定する。vkは物的消費財支出で，vsはサービス支出を表示する。同様に資本家階級の剰余価値mの支出を物的消費財支出とサービス支出の2つの部分に分ける。mkは物的消費財支出で，msはサービス支出を表示する。

サービス部門において，wは労働者の賃金支出を表示するために，wkは物的消費財支出で，wsはサービス支出を表示する。pは資本家の剰余価値の支出を表示するので，pkは物的消費財への支出，psはサービス支出を表示する。

以上の設定に従って，各部門の労働者と資本家は自らの所得から10％を取り出してサービスを購入・消費すると仮定するならば，表式は次のようになる。

☐は生産部門を枠内において，サービス部門は生産部門ではないことと社会総再生産の枠外に位置づけることを強調したものである。

表式6-1 サービス部門の設定表式

Ⅰ　$4000c + (900vk + 100vs) + (900mk + 100ms) = 6000$
　　　　　　　　　　　　　　　　　　　　…生産手段生産部門
Ⅱ　$2000c + (450vk + 50vs) + (450mk + 50ms) = 3000$
　　　　　　　　　　　　　　　　　　　　…消費手段生産部門

S　$206.7Sc + 51.7w + 51.7p = 310.1$　　　…サービス提供部門

ここでは上記のサービス部門の確定は次のようになる。Ⅰ，Ⅱ部門による生産された国民所得の総額はⅠ$(1000v + 1000m)$ + Ⅱ$(500v + 500m) =$

123

3000であるが，その10％に相当するのは300である。すなわちⅠ(100vs＋100ms)＋Ⅱ(50vs＋50ms)＝300。これがサービス消費のために支出されるのである。構成は

  S 200Sc＋50w＋50p＝300

になる。しかし，サービス部門自身の労働者と資本家は社会成員の一部であるために，彼らの所得の10％は同様にサービスに支出する想定が必要となる。そうすると，サービス部門においてS 50v＋50m＝100から10％を取るなら，10である。全社会のサービス需要は300＋10＝310になる。サービス部門の比例は4：1を維持するとして，逆に推算すると，次のような構成になる。

  S 206.7c＋51.7v＋51.7m＝310.1

すなわち 206.7Sc＋(46.5wk＋5.2ws)＋(46.5pk＋5.2ps)＝310.1

整理すると，

表式6-2 物的消費財とサービス消費の分離による表式

Ⅰ 4000c＋(900vk＋900mk)＋(100vs＋100ms)＝6000
Ⅱ 2000c＋(450vk＋450mk)＋(50vs＋50ms)＝3000

S 206.7Sc＋(46.5wk＋46.5pk)＋(5.2ws＋5.2ps)＝310.1

サービス部門の物的活動手段や労働者と資本家に必要な消費財はすべて消費手段と見られるために，いわゆるサービス部門用財貨部門を第Ⅱ部門の一亜部門として設定し，Ⅱsで表示する。サービス部門に対して第Ⅰ部門，第Ⅱ部門に消費手段を提供するのはⅡkとする。こう想定すると次のようになる。

第6章 単純再生産の条件下でのサービス表式の確立

表式6-3 サービス部門用消費財生産部門入りの表式

I   4000c + (900vk + 900mk) + (100vs + 100ms) = 6000
　　　　　　　　　　　　　　　　　…生産手段の生産部門
II$_k$ 1800c + (405vk + 405mk) + (45vs + 45ms) = 2700
　　　　　　　　　　　　　　　　　…物的消費財の生産部門
II$_s$ 200c + (45vk + 45mk) + (5vs + 5ms) = 300
　　　　　　　　　　　　　　　　　…サービス部門用消費財生産部門

S　206.7Sc + (46.5wk + 46.5pk) + (5.2ws + 5.2ps) = 310.1
　　　　　　　　　　　　　　　　　…サービス提供部門
 = (200Sc + 6.7Sc) + [(45wk + 1.5wk) + (45pk + 1.5pk)] + (5.2ws + 5.2ps)
 = 200Sc + (45wk + 45pk) + (6.7Sc + 1.5wk + 1.5pk) + (5.2ws + 5.2ps) = 310.1

完成表式　消費関連サービス単純再生産表式[15]

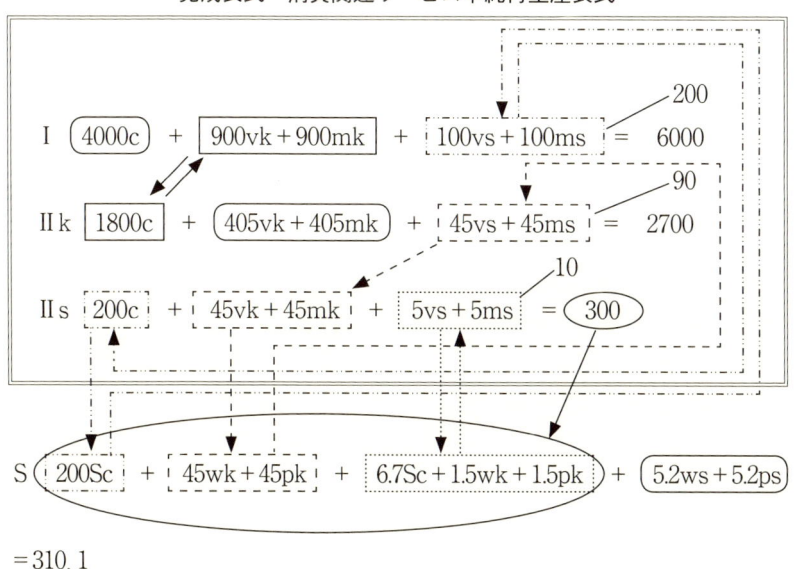

I　4000c ＋ 900vk + 900mk ＋ 100vs + 100ms ＝ 6000　200

II$_k$　1800c ＋ 405vk + 405mk ＋ 45vs + 45ms ＝ 2700　90

II$_s$　200c ＋ 45vk + 45mk ＋ 5vs + 5ms ＝ 300　10

S　200Sc ＋ 45wk + 45pk ＋ 6.7Sc + 1.5wk + 1.5pk ＋ 5.2ws + 5.2ps

= 310.1

上記のサービス表式に展開される取引運動を説明すると次のようになる。

　(1)　☐は，サービス部門を再生産過程の枠外に位置づけることを明示するために，二大部門が括弧で囲まれていることを示す。Sはサービス部門を表示する。

　(2)　⌒は自部門内部による補塡を表示する。すなわち，

　第Ⅰ部門の4000cと第Ⅱ部門のⅡk（405vk＋405mk）は自己部門内部によって素材・価値を補塡する。

　第Ⅰ部門の（900vk＋900mk）部分は第Ⅱ部門のⅡk1800cと素材・価値を補塡しあう。

　強調するべきなのは，サービス部門の内部補塡のところである。サービス（S）部門の5.2ws＋5.2ps＝10.4の部分は，サービス部門の内部の労働者と資本家のためにサービスを提供する取引である。物的財貨を生産しないし，価値も生まないサービス部門であるために，物的生産部門のような素材・価値補塡が行われる必要がない。この部分について，姜昌周は彼自身の「サービス部門をくみ入れた拡大再生産表式」を説明する際に，ここに相当する部分に言及した。5.2wsの部分について，「……いうまでもなくサービス労働者も奴隷労働者ではないから，なにも賃金を現物で与えられる必要はない。賃金労働者であるかぎり，それは貨幣で支払われる。この労働者たちの消費構成も，貨幣賃金…（賃金の10%）（【完成表式】の5.2wsに相当──筆者注）は，資本家Sからサービスを購入する」[16]。そして，5.2psの部分について，資本家Sは利潤の10%「……相当のサービス（【完成表式】の5.2psに相当──筆者注）を，部門内の資本家間の売買をつうじて個人的に消費することになる」[17]と述べた。これは1つの解釈になるかもしれないが，

---

15)　この表式は山田喜志夫と姜昌周の「サービス部門をくみ入れた拡大再生産（出発）表式──第1年度」を参考して，筆者独自の工夫を加えて作成したものである。山田喜志夫，前掲論文，162ページ；姜昌周，前掲論文，77ページ参照。

16)　姜昌周，前掲論文，81ページ。

17)　姜昌周，前掲論文，83ページ。

第6章　単純再生産の条件下でのサービス表式の確立

筆者は，この部分の運動については，サービス部門内部で行うサービス労働はサービス部門の労働者と資本家とが需要するサービスを同部門で提供すると取り扱っている。第Ⅰ部門の4000cと第Ⅱ部門のⅡk部門の（405vk＋405mk）と同じように部門内部で補填されると理解すれば，首尾一貫し，明確であると考える。

(3) 輻輳する部分は次の3つの取引の流れである。→矢印は生産物とサービスの流れを示す。

第1：サービス（S）部門の物的活動手段200Scの補填について

サービス部門用物的消費財を生産する部門であるⅡs部門に必要な生産手段（200c）はⅡs部門の資本家による貨幣で第Ⅰ部門から購入し，（100vs＋100ms）部分に相当する。これは一方的な流れを形作る。とはいえ，この部分は第Ⅰ部門の労働者と資本家が需要するサービスであるために，結局サービス部門（S部門）によって提供するほかないのである。そうすると，S部門の資本家はまず第Ⅰ部門の労働者と資本家に200に相当するサービスを提供することによって200の貨幣を手にする。その後，この200の貨幣を使ってⅡs部門から200Scを購入し，サービス活動を行う物的な活動の条件を作り出すのである。

第2：サービス(S)部門の物的消費手段(45wk＋45pk)の補填について

Ⅱs部門の労働者と資本家に必要な物的消費手段は（45vk＋45mk＝90）であるために，Ⅱs部門の資本家は90の貨幣を持って第Ⅱ部門の物的消費財を生産するⅡk部門から購入する。これはⅡkの（45vs＋45ms＝90）に相当する。これもまた一方的な流れである。Ⅱkの（45vs＋45ms＝90）部分は，Ⅱk部門の労働者と資本家によるサービスへの需要である。サービス部門によってサービスを提供しなければならない。そうすると，サービス部門Sの資本家はⅡk部門の労働者と資本家に（45wk＋45pk＝90）のサービスを提供し，90の貨幣を手にする。その後，この貨幣90でⅡsから労働者と資本家に必要な消費財を購入し，サービス活動のもう一つの物的活動条件を揃えたことになる。

第3：サービス(S)部門の余剰の物的財(6.7Sc＋1.5wk＋1.5pk)の補填について

同じようにⅡs部門の労働者と資本家はサービスの提供を求める。ここでⅡs部門の資本家はS部門に残る必要な消費財（5vs＋5ms＝10）（中に一部の物的活動手段と一部の物的消費財を含む）を提供する。これに対してサービス部門はⅡs部門に（6.7Sc＋1.5wk＋1.5pk＝9.7≒10）のサービスを提供する。ここの部分の運動は他の学者の理解の仕方とは違って，自己内部で補填することではないと筆者は考えている。

(4) サービス部門が消費する生産物はすべて消費財であるとの考えで，サービス部門用消費財はⅡsによって生産される。物的消費財は，サービス部門の物的活動手段Scと，労働者と資本家の消費財wkとpkとである。すなわち，サービス部門で需要される物的活動手段や労働者と資本家の物的消費財，合わせて300は全部Ⅱs部門で生産した消費財によって提供されるのである。このことは◯で表示される。

すなわち，サービス部門再生産の基礎条件：
価値補填は，　Ⅰ　（100vs＋100ms）＋Ⅱk（45vs＋45ms）＋Ⅱs（5vs＋5ms）
　　　　　　　　＝S　206.7Sc＋46.5wk＋46.5pk＝299.7≒300
素材補填は，　Ⅱs　200c＋45vs＋45ms＋5vs＋5ms
　　　　　　　　＝S　206.7Sc＋46.5wk＋46.5pk＝299.7≒300

2　サービス表式確立の意義

以上の表式で示されたように，サービス部門は，国民所得（v＋m）の一部（表式ではvs, ms）によって維持される。すなわち，Ⅰ(100vs＋100ms)＋Ⅱk(45vs＋45ms)＋Ⅱs(5vs＋5ms)＝300になる。そして，サービス部門の物的活動手段，人的要素と資本家の利潤が社会的総生産物の一部にある消費財（Ⅱs部門の生産物）に対する需要を形成する。つまり，社会的総生産物の一部がサービス部門を素材的に扶養している。この扶養によって，サービス部門の発展は第Ⅱ部門の発展に基づきそれに依存するもの

第6章　単純再生産の条件下でのサービス表式の確立

であることが明瞭である。このことから，さしあたり以下の帰結が導き出される。

　第1に，サービス (S) 部門の活動に必要な物的財貨（物的活動手段と人的要素を含む）は全部Ⅱs部門による提供である。Ⅱs部門自身に必要な生産手段は第Ⅰ部門によって提供され，消費手段は第Ⅱ部門のⅡk部門によって提供されるのである。このために，サービス部門を発展させる前に，第Ⅰ部門，第Ⅱ部門を優先発展しなければならないことは明確であろう。もしサービス部門が立脚する基礎的部門である第Ⅰ部門，第Ⅱ部門の発展が停滞するならば，サービス部門の発展の土台も失われてしまうために，結局サービス部門の発展も空論になるのである。

　第2に，サービス部門の肥大化によってサービス部門用物的消費財を生産する部門であるⅡs部門の肥大化を引き起こすのであるが，過剰生産の局面では，サービス部門がⅡs部門の拡大を通して追加市場を創出し，過剰商品を吸収して貨幣で実現させ，また過剰労働力の追加雇用をもたらす役割を演じることができるかもしれない。しかし，他方では，他の条件を一定とすれば，サービス部門の肥大化は，表式で明らかになったように社会の総剰余価値のうち蓄積へ向けられる部分を圧迫し，資本蓄積の阻害要因となり，生産力発展の重い負荷とならざるをえない。経済の均衡の取れた発展をはかることには障害になる。この関係は軍需生産の場合と類似であって，第Ⅲ部の軍需生産の考察の際に再び詳細に分析する。

　この表式の分析は資本主義のもとで作成したものであるが，今日の中国の社会主義市場経済にも適用可能である。すなわち，市場経済においてサービス部門の発展は主に各部門で働いている国民各階層（生産部門であれ不生産的部門であれ，関係はない）の個人的消費によるものである。政府の財政によって公的サービスの形でサービスを提供する場合にも説明できるであろう。たとえば，政府が義務教育や国民医療保障制度を築きあげようとするなら，税金に基づく財政支出は，やはり労働者や経営者の給料や利益から取り出すものであることによって，同じ再生産機構の相互依存関係

が当てはまる。こうして，すでに表式の分析で見たように，サービス部門の発展は他の生産部門の発展に従うものである。一定の時期に，一定の生産力発展段階においてサービス部門の発展は他の生産部門の発展状況との均衡を配慮しないならば，経済全体の発展のバランスを崩す可能性があるために，結局国民生活の向上や，今後の持続的な安定的経済発展にも大きな負影響を与えるであろう。

　中国を一例として説明することができるであろう。建国後社会主義社会を作るために，教育，医療など国民の生活に直接に影響を与えるサービスはほとんど国や国営企業によって提供された。しかし，当時の中国では生産力はまだ低かった，言い換えれば，第Ⅰ部門，第Ⅱ部門はまだ十分に発展していなかった。このような状況下で人口が急増したために，財政と企業は低水準のサービス提供さえもできなくなる時期に直面した。改革開放以後，市場経済の導入によって，この問題を解決するために，一部の学者は逆に，生産力向上と効率を優先して，教育の産業化，医療の産業化という改革を提起し，万事を市場の需要供給の評価に委ねればよいという考えを唱え始めた。そして何年かの実践的経験の後に問題が起きた。途上国である中国では貧富の格差が大きく，教育，医療の経済的負担に苦しんでいる人々が増えているという深刻な状態が現れている。こういう状況は国の目指す目標とは相容れず相応しくないであろう。

　近年，胡錦濤・温家宝政府は「調和のとれた社会」を作ろうと提起し，9年義務教育や国民医療保障などを強化するために，政府から一系列の政策を打ち出している。注意するべきなのは，これらの教育・医療・福祉サービスの政策を採用できる前提と背景は，中国の四半世紀にわたる好調な経済発展によって支えられて，実現したということである。中国の国家統計局の数字によると，2003年から2006年にかけて，中国の経済総量が大幅に増加するにしたがって，中国の1人当たりの国民総所得も年々より高まっている。2002年に1人当たりの所得は1000ドルを突破した後，2006年には2000ドルにを突破し，2010ドルに達している。2002年に比べて2倍にな

第6章　単純再生産の条件下でのサービス表式の確立

ったのである。世界中の順位も132位から129位までに上がっている。2007年10月15日に行われた中国共産党第17回大会（「十七大」）で注目されたのは「調和のとれた持続可能な発展」を目指すという胡総書記の戦略思想「科学的発展観」を党の路線として全面的に推進するとしたことである。そして，これまで「2020年までに国内総生産（GDP）を2000年の4倍増とする」としてきた経済発展目標を，「1人当たりの目標」として具体化している。特に教育，医療，住宅などの分野で「全国民が保障を受けるように努め，調和のとれた社会の建設を推進する」とした。すなわち，今後，政府側はいっそう国民生活に直接に関連する分野の充実を重視する姿勢を表明している。

　ここで，もう1つの公的サービス部門である軍事サービス部門も同じ性格を持っている。その活動は，国家の防衛や国民の生命・資産の安全を守るために陸軍，海軍，空軍などの軍隊を保有しそれらを実働して行われており，国家の膨大な財政支出の主軸の1つとなっている。この軍事収支の財政はすべて労働者階級と資本家階級からの租税収入に依拠するしかないのである。しかも，これらの消費によって社会全体の再生産には直接的な寄与がないのも事実である。このことによって，労働力再生産や資本の蓄積には圧迫的に作用することも明らかである。

　以下，第Ⅲ部では軍事サービスにかかわる軍需産業を分析したい。

第Ⅲ部　軍事サービスに関連する軍需産業をめぐる諸展開

はじめに

　軍事サービスとは，通常は各国の政府が実行する軍事行動であると認識されている。たとえば，戦争，治安などのことを指している。従来の産業分類に従うならば，この軍事サービスは第3次産業に帰属されることになる。すなわち，それは公的サービスの一種類として分析されるべきであろう。その限りにおいて，上述した再生産表式における消費関連サービスと同様な性格を持っている。そのため，本論文において再び繰り返す必要はない。本章で特に注目したいのは，軍事サービスを支える軍需産業である。これを1つの重要課題として取り上げて検討してみる。

　軍需産業は，産業分類の中の1つの特別な存在として各国で大きな役割を発揮している。特に"9・11"とイラク戦争後，テロ事件の増加によって世界は再び冷戦以来の不安定状態に落ち込んでいる。北朝鮮，イランの核実験，中国，ロシアの経済発展にともなって増大しつつある軍事力，アメリカ，日本など先進国の海外派遣とともに軍需産業を膨大化させている。

　冷戦後の世界を振り返ってみると，世界平和のために各国が，軍備縮小に努力している時期もあった。1980年代以後，冷戦局面の緩和，終息にともなって，平和的発展が世界の主流になり，各国での軍需生産の調整の動きが目立っている。ただし，一方で先進国（それは主に欧米に限定されている）において軍事費の削減，兵器調達の減少，兵員の縮減など軍縮が進行しているのに対して，途上国の多くの国では安全保障を確保するために（さらに今後の世界情勢の不確定性に対応するために）むしろ軍拡に向かっているという事実もある。この新たな国際環境において，最大の途上国であり，強大な軍事力を保有している中国の動向は，特に注目されている。

　1990年代の冷戦終結後，鄧小平政権は，社会主義的生産の目的は人民の不断の物質生活・文化生活向上の要求を満足させるためであると提起し，

経済建設を最優先する改革開放政策を展開する中で，国防政策は経済建設優先という「大局」に従うものとして位置づけてきた。そして経済建設への投入を拡大する一方で，国防予算の財政支出に占める割合が，大幅に縮小され，限られた国防費の中で，国防現代化政策は「量から質へ（兵力量を削減して質的戦力の現代化を進める）」の方針により進められてきた。そして人員削減により節約された資金が国防の現代化に，つまり兵員素質の向上および兵器・装備のハイテク化に投入されている。

この経済，軍事政策によって中国は，国内経済の速やかな発展を促し，世界経済の発展にも大きな貢献を果たしているとともに，軍事力増強の恐れがあるとして，他国からの警戒感を呼び起こし，「中国脅威論」が新たに台頭している。軍需生産の量から質への転化は何を意味しているか，また軍需生産は国民経済へどのような影響を与えるかといった点は，今日および今後の中国の経済が順調に進展するためにまずもって認識しておかなければならない問題であるといえるであろう。

周知のように，マルクスの再生産理論は，資本主義の制度のもとで社会的再生産の諸条件とその運動形態とを解明するために，再生産理論の独自な前提，想定のもとで研究された抽象的な理論であり，軍需生産のような具体的問題を直接説明することはできない。しかし，再生産理論が社会的総資本の運動形態の総括である限り，その運動における内的関連や矛盾は，再生産の諸条件を通じてのみ現れるほかない。軍需生産が社会的総資本の再生産の一部分として考察される場合に，その社会的再生産における位置，変動による経済発展への影響など，すなわち，総再生産において現れる内的関連については，なによりまずマルクスの再生産理論によって理論的に把握しておかなければならないであろう。そして，この分析は，社会主義国家である中国における軍需生産の現実問題を解決するにも，有力で理論的な基準を提供することができるであろう。

第Ⅲ部は，従来の資本主義制度のもとでの価値関係でみた再生産理論を基礎とした軍需生産に関する分析をいっそう深めることによって，今日

の中国における軍需生産と経済発展の促進との関連，国防現代化の加速による経済発展への潜在的な負の作用などを検討する。

第7章　再生産理論における軍需生産の位置づけ

　資本主義国家において，最初に，社会的総資本の再生産の立場から軍需産業の問題を取り扱った古典的な代表的理論は，ローザ・ルクセンブルクの『資本蓄積論』(1913年) である。日本では，その始まりは寺島一夫の「蓄積論の視角における現代日本」(『経済評論』1935年9月号) である。これ以後，軍需生産部門を再生産理論に導入して分析する議論が展開されることになった。その後の論争において問題となった主要論点について概観してみよう。

1　軍需品生産部門の再生産理論への導入

1　マルクスによる社会総生産物の分割規定

　軍需生産の再生産への導入ではマルクスの二部門分割の規定はその基礎である。

　マルクスは『資本論』の第2巻第3編において社会的総資本の再生産を分析するにあたって，社会的生産物の全部の補塡を，価値からの考察と同時に，その素材的形態から考察することの必要性を示した。すなわち，社会的生産物は，素材の面から，生産手段と消費手段とに分割される。生産手段は「生産的消費にはいり込まなければならないか，または少なくともはいり込みうる形態をもつ諸商品」[1]である。生産手段を生産する生産部門

---

1) カール・マルクス (社会科学研究所監修，資本論翻訳委員会訳)『資本論』第7冊，新日本出版社，1982年，630ページ。

をⅠ部門（第一部門）と呼ぶ。消費手段は「資本家階級および労働者の個人的消費にはいり込む形態をもつ諸商品」である。消費手段を生産する部門をⅡ部門（第二部門）と呼ぶ。それぞれの部門内の生産物は，価値の面から不変資本（c），可変資本（v），剰余価値（m）に分割される。

さらにマルクスはⅡ部門についてのみ，これを「2つの大きな中部門に分割されうる[3]」，すなわち「必要消費諸手段」生産部門と「奢侈的消費諸手段」生産部門に分けた。

以上の分割の後に，マルクスは「二部門分割の絶対的妥当性」について次のように論述した。「われわれはそこ（第2巻第3編——筆者注）では，すべての資本を二大部門に——生産諸手段を生産する大部門Ⅰと，個人的消費諸手段を生産する大部門Ⅱとに——分割した。ある諸生産物が個人的な享受にも生産諸手段としても役立ちうる（馬，穀物など）という事情は，この分割の絶対的な正しさを決して廃棄するものではない。この分割は，実際，仮説ではなく，事実の表現にすぎない[4]」。

軍需品は上に規定された諸商品と異なり，また軍需生産も特性を持っている。

2　軍需生産の特性

通常に軍需品とは，兵器および兵器関連装備品・軍事関連施設類と兵員用食糧・衣服類となる。二部門分割の規定によって，前者（兵器および兵器関連装備品・軍事関連施設類）が生産に使用される生産手段にも，個人的消費に使用される消費手段にもならないことは明らかである。後者（兵員用食糧・衣服類）は，もちろん生産手段にもならないし，兵員よって個々に使用されるものではあるが，やはり，規定された本来の労働者の個人的

2）　カール・マルクス，同上。
3）　カール・マルクス，前掲書，624-625ページ。
4）　カール・マルクス，第13冊，1461ページ。

138

第 7 章 再生産理論における軍需生産の位置づけ

消費手段とすることができない。つまり，軍需品はいずれも生産手段ではなく個人的消費手段として労働力の再生産に役立つものでもないという特殊性を持っている。軍需品はもう 1 つの特徴がある。生産された軍需品は国家によって購買され，施設・国土の破壊や人間殺戮の手段として消費される。

ところが，他面では軍需品はこの特質を持っているとはいえ，その生産が行われる際に，必要な労働手段，原材料や雇用される労働者の生活資料が I , II 生産部門から獲得されるほかない。この関連を考慮するならば，軍需生産を社会的総資本の再生産から排除することはできないであろう。

2 軍需品生産部門の位置づけ

マルクスの「二部門分割」の規定によって，軍需生産は社会的再生産の中にどう位置づけるべきであるか。この問題をめぐって，従来の研究では，3 つの学説に分かれている。すなわち，導入否定説，第三部門説，第二部門説である。これらの中では第二部門説が最も合理的に思われる。

1 導入否定説

山本二三丸は「……本来の軍需品は，再生産からの控除，絶対的な損耗であって，これを，社会的資本がいかに再生産されるかという再生産理論に挿入することは，論理的錯誤も甚だしいものである。二部門分割の意義はこの場合も忘れられてはならない」[5]という。

この観点は，後で守屋典郎に批判されたように軍需品の特性だけを強調してしまい，軍需生産そのものは社会的総生産過程の一部分であることを無視していた。そして，これによればマルクスの再生産理論の有力性も疑

---

5) 守屋典郎『恐慌と軍事経済』青木書店，1953年，192ページ。

われることになるであろう。

2　第三部門説

第三部門説を代表する笠信太郎は次のように述べている。「再生産過程から一応剝離した不変資本と労働力とは新たに，軍需品の生産に向かうであろう。そうすると，ここに新しく，生産手段の生産部門（いわゆる第一部門）でもなく，消費手段の生産部門（第二部門）でもないところの所謂第三部門が成立する。……いわば新しい資本蓄積の領域がここに発生する」。[6]

「我々はここで直ちにこのローザ的段階を一歩ふみこえる必要を感ずる。……そしてその問題は，ここでの第三部門，すなわち，軍需品生産の部門にのみかかっている」。[7]

これについて，井村喜代子も「マルクスは軍需品のような特殊な生産を捨象してかかる主張をしているのであるから，このマルクスの主張を軍需品生産部門の設定に適用することは適当ではない」と異議を提出し，「わが国の議論では，再生産分析は『資本論』第 2 部第 3 編の論理次元・前提・基礎範疇をそのまま継承するべきであるという考えが強く，軍需生産部門の新設，賃金への課税，国家の導入などをすべて方法的誤りとして退ける傾向が強かった」と批判するとともに，「……軍需品・軍需品生産部門を『個人的消費にはいる』消費手段の一部・II 部門の一亜部門としたのでは，軍需品が人間の消費生活にはいらないばかりか人間殺戮の手段であるという軍需品の特質を不明確にしてしまう。さらにまた，それでは軍需品がすべて国家によって購買され生産物価値の"実現問題"から解放されている点で，消費手段とは質を異にするということをも不明確にしてしまう」と[8]

---

6)　笠信太郎「軍需生産と再生産過程」『サラリーマン』1935年 3 月号, 194ページ。
7)　笠信太郎，同上, 228ページ。
8)　井村喜代子「再生産表式による軍需生産の分析」『資本論体系 4　資本の流通・再生産』有斐閣, 1983年, 355ページ。

述べた。

　以上の考察に基づいて「軍需品生産の特質を明示するためには，軍需品生産部門をⅠ・Ⅱ部門とは区別して，独自のM部門とし，その生産物が国家によって購買され最終的に生産・流通過程から脱落・消失してしまう部門とすることが適当であろう」と主張した。[9]

　確かに軍需品生産は独自な特質を持っているが，ところがその二部門と類似しているところも無視することはできない。後に第二部門説による第三部門説への批判のところでこの点について解明する。

3　第二部門説

　以上の主張に対して，山田盛太郎らはマルクスの「二部門分割の絶対的妥当性」に基づいて，軍需生産は二部門の1つの亜部門として分析するべきであると「第二部門説」を主張している。その理由については次のとおりである。

(1)　「二部門分割の絶対的妥当性」について

　山田はマルクスの「二部門分割の絶対的妥当性」の論述から「……明らかなことは，マルクスが，再生産の分析において，二部門への総括を基準としたのみならず，さらに，この二部門への絶対的妥当性を力説した点である。……二部門への総括は，生産力の発達の程度を示す基準をなしているからである。素材視点。二部門分割。生産力表現。この三者の相互関連は，銘記すべきである」と語っていた。[10]

　守屋も二部門分割の意義に対していっそうわかりやすく論じていた。「二部門分割は，社会的総資本としての商品資本における，価値表現c＋v＋mに照応した，使用価値表現の必然的展開である。それは個別的資本を社会的総資本の構成部分として観察したばあいの，社会的総資本の再生産

---

9)　井村喜代子，同上。
10)　山田盛太郎『山田盛太郎著作集』第1巻，岩波書店，1983年，78ページ。

の立場における部門的総括である。このばあい二部門への分割の絶対性は，アダム・スミスが商品価値をv＋mに等しいとしたドグマに対立して，商品資本の価値のc＋v＋mとしての把握との関連においてあらわれているので，資本制的生産のもとでは，社会的分業と私有との基礎を示すものであり，……使用価値の側面より与えたものである二部門分割とc＋v＋mとの分割とは，商品の使用価値と価値との分割，労働の二重性が，社会的総資本の運動の総括において相互依存のうちに把握せられ，生産力と生産関係との発展が内面的連絡をなして，表式のうちに統一されたものである」[11]。

そして「二部門分割の絶対的妥当性は再生産過程の絶対的基礎としての両部門間転態における I v＋m ＝ II cによって，言い換えれば，再生産表式の構造そのものによって，確証される」[12]。つまりマルクスの再生産理論はこの二部門分割に基づき成立したものである。再生産表式に軍需生産を導入して分析しようとする際にこの大前提を否定することはできないであろう。

(2) **軍需生産の生産性**について

従来の議論の中で軍需生産の生産性を否定している主張が少なくないが，それは一面的である。というのは，軍需生産がその生産物—軍需品の特質によって再生産過程から脱落していって再生産循環に入らないが，個々の生産過程から見れば，その生産性があることは確実である。

すでに述べたように，マルクスは『資本論』第1巻第5章および第14章において生産的労働という概念を提起し，2つの規定，すなわち本源的規定と資本主義的形態規定として定式化している。その本源的規定とは，労働過程の成果の立場から与えられる規定であって，「物質的財貨（使用価値）を生産する労働」を生産的労働とする規定である[13]。この規定はすべて

---

11) 守屋典郎，前掲書，189ページ。
12) 佐藤金三郎・岡崎栄松・降旗節雄・山口重克編『資本論を学ぶⅢ 第2巻・資本の流通過程』有斐閣選書，1977年，230ページ。
13) カール・マルクス，前掲書，第2冊，309ページ。

第7章　再生産理論における軍需生産の位置づけ

の社会形態に共通した一般的規定である。

　もう1つ資本主義的形態規定（いわゆる歴史的規定）とは，価値増殖過程の成果の立場から与えられる規定であって，「剰余価値を生産する労働」すなわち「資本の自己増殖に役立つ労働」を生産的労働とする規定である[14]。ところで資本主義的生産の発展とともに社会の全領域が資本に直接包摂されているために，さまざまな非生産部門の労働者の賃労働は，資本の増殖の要因として「直接に資本に奉仕する労働」であり，資本にとって生産的労働になる。「こうして結局，資本主義的形態規定の意味での生産的労働と不生産的労働との区別は，その労働が資本（資本としての貨幣）と交換されるのか，所得（貨幣としての貨幣）と交換されるのかという点にあるにすぎない[15]」。

　マルクスの2つ規定によれば，軍需生産は生産的労働であることが確認できる。

　まず，本源的規定によると，物質的な財貨の生産という点では，軍需生産の生産物はサービス部門のと違って，物質的なものである。しかもそれは，資本主義社会において商品になっている（国家によって購買される）。最終的にどのように使用されるかは別にして，軍需生産物そのもの自身は使用価値を持つことは否定できないであろう[16]。

　さらに，資本主義における軍需生産は剰余価値生産である。軍需品生産部門の資本家は他の資本家と同じ，膨大な利潤を取得するために，資本，労働力を投入して軍需生産を行っている。歴史的規定においても生産的労

14）　カール・マルクス，前掲書，第3冊，872ページ。
15）　金子ハルオ「生産的労働と不生産的労働」『資本論体系7　地代・収入』有斐閣，1983年，417ページ。
16）　この意味で麻薬の使用価値と比べるのがわかりやすい。麻薬は医療上で使用されるとき，痛みを和らげたりして人間を助けることができる。ところが，医療外の薬物として使用されるとき，人間を中毒させ，さらに死亡させる可能性もある。麻薬のこのような2つの作用は全く相反であるが，その使用価値がある点についてどちらの場合も否定できないであろう。

働である。すべての生産された軍需品が国家によって購買されるので，資本家がいっそう高い利潤を手に入れることができるようになる。

そのうえに，その労働は軍需産業資本において行われるので，労働者は他の生産的労働者と同様に自分が持っている労働力を資本家の資本と交換して，労働力の再生産のために必要な消費手段を購入するのである。

守屋は軍需産業をⅡ部門に属することを次のように説明する。「再生産理論は社会的総資本の運動の総括であり，軍需産業は二部門分割の絶対性のもとにおいて，社会的総資本の一構成部門たりうる。なぜなら軍需産業もまた資本制的生産のうちに包括せられ，商品の生産だけでなく，剰余価値の生産を目的とする，『生産的』な労働として，社会的総資本の一部を構成するからである」[17]。

以上によって，軍需生産はその生産過程自身から見れば，生産的労働であることは確かである。これによって軍需生産を再生産理論に導入して研究すべきである。

(3)　導入否定説，第三部門説への批判

否定説に対して，守屋はこう批判した。「軍需生産が『再生産から控除，絶対的な損耗』をなすことは，その構成の仕方が質料転換において特殊の形態をとることを示すにすぎない。このことから，軍需品生産を社会的総資本の運動から除外すれば再生産理論そのものは力なきものになるであろう」[18]。

つまり軍需生産を行うために，生産手段がⅠ部門から獲得され，労働者の生活資料がⅡ部門から購入されるので，その存在は他の二部門に制約される一方で，他部門への影響をも与える。この理由で軍需生産は社会的再生産運動を究明する再生産理論から排除することができないと考えられる。

第三部門説に対して，延近充は「……軍需品は，生産手段として役立つ

---

17)　守屋典郎，前掲書，193ページ。
18)　守屋典郎，同上。

第7章 再生産理論における軍需生産の位置づけ

ものではない以上，これがどのような経路を通ったとしても不変資本の塡補のために購入されるとするわけにはいかない。したがって表式論上，価値生産物の中から（どのような経路を通ったとしても）所得によって購入されるほかはない。そして，この点にかんするかぎりで，再生産における軍需品生産部門の位置は，II部門と類似しているのである。III部門説は，この点を無視することになる点で難点があるし，また，I・II部門と並列することによって，社会的総生産物の価値的・素材的塡補においてI・II部門のもつ地位との差が見失われかねないという点でも問題があろう」と明言した。[19]

つまり，本来のII部門の収入が現物で個人によって消費され，I部門の収入価値はまた現物では消費されず，II部門の資本と交換に，ただ価値のみが消費されるのに対して，軍需品生産部門の収入は国家の媒介において価値のみが消費され，現物は社会的再生産の循環外に出て，やがて，消耗される。この点は，不変資本についても同様で，I部門の不変資本は現物で消費されるのに，軍需産業の不変資本の補塡は，国家の媒介で，I部門の収入価値に対応する生産物の一部が転化するのである。「これは軍需産業が非再生産的部門であるために生ずる特殊な性格のためで，そのことは軍需産業の実現に特殊の体様をとらせるが，二部門分割における第二部門の派生部門である地位を変えるものではない」。[20]

(4) 第二部門の一亜部門としての主張

以上のように二部門分割を「絶対的」とし，他の主張を批判したうえで，第二部門説は，軍需品生産部門は「二部門分割の一派生部門として把握せられるが，それが如何なる部門の派生部門であるかは，社会的総資本の再生産の立場から決定されねばならない。この立場から見るとき，軍需産業

---

19) 延近充「軍需品生産の再生産表式分析にかんする一考察——従来の諸議論の検討を中心に」『三田学会雑誌』1983年8月号，118ページ。
20) 守屋典郎，前掲書，192ページ。

の生産物の価値および質料の補填は，vおよびmの一部が租税なる媒介形態をへて，如何に代置されるかが当面の対象となり，したがって軍需生産物は社会的所得の，国家を媒介とした消費として，第二部門に所属する」[21]ことを解明している。そして第二部門は「生活必需品の系統。奢侈品の系統。軍需品の系統」と分けられて，「……以上の三系統は，それぞれの対応点を基準として交錯するが，その総括は，二部門分割の絶対的妥当性として示される。軍需品生産の過程は，二部門分割を基礎とする総過程に合流するところの一構成要素にほかならぬ」[22]という主張を提出した。

この考え方は軍需品の特質を表すこともできるし，軍需生産の他部門との関係を解明することもできるために，より適当であろう。

3 軍需品の価値負担部分について

軍需品生産のもう1つの特徴は，その生産物が国家を媒介として，税金の形で購買される点である。ここで問題の簡単化のために，国家は労働者の賃金（可変資本）(v) および資本家の剰余価値 (m) のほかには，なんらの税金源泉も持たないと仮定する。この場合は軍需生産を行う税金がどの部分から負担されるかという問題について，従来よりまた異なる3つの見解が分かれている。ローザのvのみから，山田と川崎巳三郎らのmのみから，および守屋と井村らのv, m両方から負担されるという見解である。

1 ローザのv部分による負担の見解

ローザは「間接税および高率保護関税基礎として，軍国主義の費用は，主として，労働者階級と農民階級とによって支弁される」[23]と規定した。そ

---

21) 守屋典郎，前掲書，191ページ。
22) 山田盛太郎，前掲書，172ページ。

第7章　再生産理論における軍需生産の位置づけ

の理由について，もし労働者階級はこの部分を負担しない場合に，資本家たちは「彼らの階級支配のこの機関を維持するために，直接に剰余価値のうちから照応部分を割あてねばならぬであろうし，しかも，自分の消費を犠牲としてこれを照応的に縮小するか，さもなければ，……剰余価値のうち資本化に予定された部分を犠牲として，彼らはより僅かしか資本化しえないであろう。けだし彼らは，彼ら自身の階級の直接の維持により多くをふりむけねばならぬであろうから。資本家たちがその従属者の維持費の大部分を労働者階級に転嫁すれば，それによって彼らは，剰余価値のより大きな部分を資本化のために解放しうる[24]」と説明していた。

さらにローザはこの認識を踏まえて初めて軍需生産の表式を展開して分析したのである。「実際上，軍国主義は間接税を基礎として2つの方向に作用する。すなわちそれは，労働者階級の正常的な生活諸条件を犠牲にして，資本支配の機関や常備軍の維持，ならびにきわめて大きな資本蓄積の領域を保証する[25]」と述べた。

ローザの議論は不十分な点を残しており，その点が日本の学者たちの研究によって明らかになった。山田はこれに対して次のように明示した。ローザのように「軍需品生産の負担がvにかかる」とすることは，「いわば一種の『形容矛盾』であって，これは従来支払われた価値が不払いに転化すること（剰余価値の相対的な増大），そして，その不払い部分が軍需品生産に転化することを意味するものにほかならない[26]」。これは結局つき詰めてみると剰余価値によって軍需生産を負担させることを意味すると山田らは指摘した。

---

23)　ローザ・ルクセンブルク，長谷部文雄訳『資本蓄積論』青木文庫，1955年，554ページ。
24)　ローザ，前掲書，554ページ。
25)　ローザ，前掲書，565ページ。
26)　山田盛太郎「再生産表式」『経済学大辞典1』東洋経済新報社，1955年，101-102ページ。

147

2　山田らのm部分による負担の見解

山田らはローザ見解の不十分なところを指摘すると同時に自らの観点を示している。『資本論』の再生産表式分析の方法は労働力の価値どおりの支払いを1つの前提としているので，軍需品生産のために労働者に課税するとすれば，労働力の再生産が不可能になる。これによって，山田および川崎巳三郎らは，軍需品に必要な価値徴収を剰余価値（m）で支払うものと仮定し，「この仮定は事適合しないものの如くであるが，理論上は正当である」と明言した。[27]

守屋はこの問題について現実に即して分析を進め，山田らの観点の誤りを単刀直入に批判していた。「帝国主義段階とくにその戦争段階にはこの食い込み（vへの課税——筆者注）がさらに強行され，労働者の生活は最低以下におとされる。このばあい，mをのみ課税の対象とすることは，計算の便宜のためとはいえ誤りである。それはローザのものよりすら，その誤りでは後退である」。[28]

つまり，資本主義社会における労働力の価値，すなわち賃金（v）は純粋の最低生存費ではない。マルクスによると，それは労働者およびその家族の慣習的必要生活手段の平均範囲および育成・訓練費によって規定されるものである。山田らの主張は賃金（v）をもって純粋の最低生活費と混同したのである。

3　守屋らのv, m両方による負担の見解

以上の批判のうえで守屋は軍需品の購入はv，m両方の価値部分によって負担することを主張した。この観点は理論面でも，現実面でも，相応しいものであることはいうまでもないであろう。この判断に基づいて，軍需

---

27) 川崎巳三郎「戦時経済の再生産構造について」『民主主義科学』1946年5月号，16ページ。
28) 守屋典郎，前掲書，207ページ。

第 7 章　再生産理論における軍需生産の位置づけ

生産は再生産表式における位置がさらに明確になるし，抽象的理論である再生産理論も現実の問題に近づくようになり，軍需生産部門がほかの生産部門に与える影響もより的確に表されることになるであろう。

第8章　単純再生産の条件下での軍需表式の確立

　軍需生産部門をⅡ部門の一亜部門とすること，その生産物が v, m によって購入されることが確認された後，これを再生産表式論に導入して軍需品生産の再生産表式による分析が次の課題になる。簡単化のために，本論文では社会的総資本の再生産を単純再生産表式で表示し，これに軍需品生産が含まれると設定して，その再生産過程の実現はいかにして行われるかということを分析する。いうまでもなく，問題はこの限りでは１つの抽象にすぎないが，社会的再生産における軍需品生産の地位は，本質的にはすでにこの場合に現れる。

1　軍需再生産表式の確立

1　マルクスの基本表式
　マルクスは『資本論』において社会的総生産物の単純再生産の考察を進めるために次の基本表式を作った。[1]

　　Ⅰ部門　投下資本………4000 c + 1000 v = 5000
　　　　　　商品生産物……4000 c + 1000 v + 1000 m = 6000……生産手段
　　Ⅱ部門　投下資本………2000 c + 500 v = 2500
　　　　　　商品生産物……2000 c + 500 v + 500 m = 3000……消費手段

1）『資本論体系4　資本の流通・再生産』有斐閣，1983年，87-88ページ。

以下の基礎的考察では，次の仮定がおかれている。
①剰余価値率は不変で，100％である。
②生産力は不変，資本の有機的構成は不変である。
③固定的不変資本は捨象しているので，投下不変資本4000cと消費された不変資本4000cは同額である，と仮定されている。

以上の仮定に基づいて，単純再生産における価値的，素材的補塡の諸関連は，基本的には次の3つに要約される。

(1) Ⅰ部門とⅡ部門とのあいだにおけるⅠ（v+m）とⅡcとの転態
(2) Ⅱ部門内部におけるⅡ（v+m）の転態
(3) Ⅰ部門内部におけるⅠcの転態

表式8-1　マルクスの基本表式

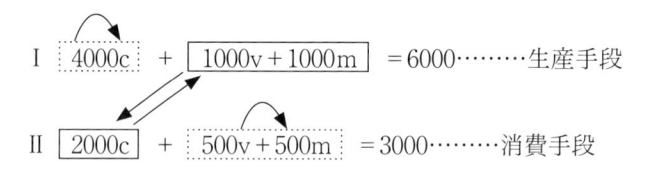

Ⅰ　4000c ＋ 1000v+1000m ＝6000………生産手段

Ⅱ　2000c ＋ 500v+500m ＝3000………消費手段

(注) 矢印は生産物の流れを示す。┆┄┄┆は自部門内部における転態である。

従来の学説はマルクスのこの基本表式を出発点として，軍需産業を組み込んで軍需部門表式を作る試みがなされてきた。この中で最も優れたものは山田の表式である。

2　山田盛太郎の軍需表式

山田盛太郎は，その『再生産過程表式分析序論』昭和23年（1948年）版に，補注として軍需品生産の場合の転化式を入れた。山田はまずこの転化式の一般的基礎をなすものとして，Ⅱ部門用の生産手段の生産についての転化式Ⅰを述べ[2]，次に必需品と奢侈品に細分した場合の生産手段の生産についての転化式Ⅱを示し[3]，この転化式ⅠおよびⅡとの関連において，軍需

152

第8章 単純再生産の条件下での軍需表式の確立

品生産の場合の表式化を記した。この場合,「軍需品生産の負担は剰余価値で支弁されるものとし,剰余価値が生活必要品・奢侈品・軍需品へ分れる比は2:1:2と仮定される」。これによる氏の表式は次のとおりである。

表式8-2 山田盛太郎の軍需表式

I (1) 2666 2/3c + 666 2/3v + 266 2/3m(必) + 133 1/3m(奢) + 266 2/3m(軍)
= 4000 第I部門用の生産手段

α 933 1/3c + 233 1/3v + 93 1/3m(必) + 46 2/3m(奢) + 93 1/3m(軍)
= 1400 II a)用の生産手段

β 133 1/3c + 33 1/3v + 13 1/3m(必) + 6 2/3m(奢) + 13 1/3m(軍)
= 200 II b)用の生産手段

I M 266 2/3c + 66 2/3v + 26 2/3m(必) + 13 1/3m(奢) + 26 2/3m(軍)
= 400 M用の生産手段

II a) 933 1/3c + 326 2/3c + 46 2/3c + 93 1/3c + 350v + 140m(必) + 70m(奢) + 140m(軍)
= 2100 N 生活必要品

b) 133 1/3c + 46 2/3c + 6 2/3c + 13 1/3c + 50v + 20m(必) + 10m(奢) + 20m(軍)
= 300 L 奢侈品

M 266 2/3c + 93 1/3c + 13 1/3c + 26 2/3c + 100v + 40m(必) + 20m(奢) + 40m(軍)
= 600M 軍需品

ここでは,軍需品生産の分析に集中するために,奢侈品の生産を捨象して転化式を簡単化すれば表式は次のようになる。

---

2) 山田盛太郎『山田盛太郎著作集』第1巻,岩波書店,1983年,48ページ。
3) 山田盛太郎,前掲書,59ページ。
4) 山田盛太郎,前掲書,138ページ。

表式8-3　奢侈品の捨象による転換式

$\text{I}_{(1)}$　2666 2/3c ＋ 666 2/3v ＋ 400m（消）＋ ｜266 2/3m（軍）｜
　　　＝4000　　Ⅰ用の生産手段
　(2)　1066 2/3c ＋ 266 2/3v ＋ 160m（消）＋ ｜106 2/3m（軍）｜
　　　＝1600　　Ⅱk)用の生産手段
I_M　｜266 2/3c｜ ＋ ｜66 2/3v｜ ＋ 40m（消）＋　26 2/3m（軍）
　　　＝400　　M用の生産手段
Ⅱ_k　1600c ＋ 400v ＋ 240m（消）＋ 160m（軍）
　　　＝2400　消費資料
　M　｜400c｜ ＋ 100v ＋ 60m（消）＋ 40m（軍）
　　　＝600　軍需品

　以上の表式における軍需品生産の負担は剰余価値で支弁される場合の軍需表式である。この表式は前の守屋に批判されたように不適当であるために、ここで守屋の労賃（v），剰余価値（m）両方による負担の見解によって新たな表式を作ってみる。

3　新たな軍需表式

　ここでは山田の表式に基づき，そして単純化のために，租税のすべてが軍需品の購入にあてられるとし，労働者は賃金の平均20％，資本家は剰余価値の平均20％を納税すると仮定する。

⑴　完成表式は山田の表式に基づいて数字の量的変動はない。Ⅰ用の生産手段を生産する生産部門による軍需生産のために国家に徴収された税金は133 1/3v（軍）＋133 1/3m（軍）＝266 2/3である。Ⅱk)用の生産手段を生産する部門から53 1/3v（軍）＋53 1/3m（軍）＝106 2/3である。そして消費資料の生産部門から80v（軍）＋80m（軍）＝160，軍需品生産部門自身から20v（軍）＋20m（軍）＝40徴収された税金も前のままである。

第8章　単純再生産の条件下での軍需表式の確立

完成表式　軍需単純再生産表式

I (1)　2666 2/3c + 533 1/3v(消) + 533 1/3m(消) + |133 1/3v(軍) + 133 1/3m(軍)|
　　　= 4000　I 用の生産手段

　(2)　1066 2/3c + 213 1/3v(消) + 213 1/3m(消) + |53 1/3v(軍) + 53 1/3m(軍)|
　　　= 1600　II k 用の生産手段

I M　|266 2/3c| + |53 1/3v(消) + 53 1/3m(消)| + 13 1/3v(軍) + 13 1/3m(軍)
　　　= 400　M 用の生産手段

II k)　1600c + 320v(消) + 320m(消) + |80v(軍) + 80m(軍)|
　　　= 2400　消費資料

　M　|400c| + |80v(消) + 80m(消)| + 20v(軍) + 20m(軍)
　　　= 600　軍需品

　(2)　守屋の軍需生産の労賃（v），剰余価値（m）両方による負担の見解を取り入れて，軍需生産の存在が労働者の生活，社会的再生産へどのような影響を与えるかを明らかにする。たとえば，II部門の中で消費資料の生産が行われるIIk)において軍需生産のために，労働者の消費手段は80が税金として国家に徴収され，以前の400から今の320までに減少した（他部門も同じである）。労働者の生活水準の向上は難しくなることが明瞭である。

　そして600の軍需品生産に従事する労働者・資本家のための消費手段，IM部門の生産に従事する労働者・資本家のための消費手段が再生産されている。この分の再生産は他部門に従事する労働者・資本家のための消費手段の再生産とは相違している。そのことによって社会的再生産にいっそうマイナスの影響を与える。

　(3)　完成表式は各部門から徴収される税金 I (1)[133 1/3v(軍) + 133 1/3m(軍)] + I (2)[53 1/3v(軍) + 53 1/3m(軍)] + I M[13 1/3v(軍) + 131/3m(軍)] + II (k)[80v(軍) + 80m(軍)] + M[20v(軍) + 20m(軍)]の合計が＝軍需生産への投入[400c + 80v(消) + 80m(消) + 20v(軍) + 20m(軍)]＝600であることも表示している。

155

2 軍需表式確立の意義

軍需生産が再生産表式に導入されることによって軍需生産品部門は他の生産部門との関係やその拡大，あるいは縮小によって他の生産部門および社会全体の再生産に与える影響が明白となっている。このことは，軍需生産はまだ完全に廃絶することができない状態である今日，そしてこういう状況が当面継続する中では経済発展にとって大きな意義をもっているであろう。ここで軍需表式に基づいて若干の考察を試みてみよう。

1 軍需表式による結論

上述の軍需表式によって，次のことがわかるであろう。

(1) 軍需品を買うために，国家は労働者の賃金から I 部門200v(133 1/3v+53 1/3v+13 1/3v)，II 部門100v(80v+20v)，合わせて300の租税と資本家の剰余価値から I 部門200m(133 1/3m+53 1/3m+13 1/3m)，II 部門100m(80m+20m)，合わせて300の租税を徴収しなければならない。これは資本蓄積の可能性・労働者の賃金増大の可能性を狭めること，すなわち生産力の向上，および労働者生活の改善には直接的な影響を与えることを示している。「このことは軍需品生産が非軍需品に対する需要を削減しその再生産にマイナスの作用を果すことを意味している」[5]。

(2) 軍需品生産の関連生産の連鎖がかなり大きく広がっていることも明らかである。山田によると，軍需品生産に関する生産は600+ I_M400+$I_{(1)}$266 2/3m（軍）=1266 2/3の総額が導き出されている。しかしこの総額の算定は不十分というべきであろう。年々600の軍需品を生産するために，

---

[5] 井村喜代子「再生産表式による軍需生産の分析」『資本論体系4　資本の流通・再生産』有斐閣，1983年，362ページ。

第8章 単純再生産の条件下での軍需表式の確立

その関連の生産手段生産は（$I_M 400 + I_{(1)} 266\ 2/3$）にとどまらず，$I_{(1)}$ 266 2/3の生産のためには，266 2/3×4/6＝177 9/7の生産手段が必要である……という連鎖が存在するので，資本の有機的構成が 4：1：1で4/6＝2/3であるもとで，最終的な合計は次の計算によって示される。[6]

計算8-1　一定の資本の有機的構成（4：1：1）による軍需関連生産

$$S = \Sigma [400 + 400 \times 2/3 + 400 \times (2/3)^2 + 400 \times (2/3)^3 + \cdots\cdots + 400 \times (2/3)^n]$$
$$= 400 \times [(1-(2/3)^{n+1})/(1-2/3)] \quad ((2/3)^{n+1} \to 0)$$
$$= 400 \times 3$$
$$= 1200$$

図8-1　一定の資本の有機的構成（4：1：1）による軍需関連生産

I, I, I, I_M	c v+m	(400× 2/3× 2/3× 2/3)
I, I, I_M	c v+m	(400× 2/3× 2/3)
I, I_M	c v+m	266 2/3(=400× 2/3)
I_M	c v+m	400(=600× 2/3)

$400 \times (2/3)^n$

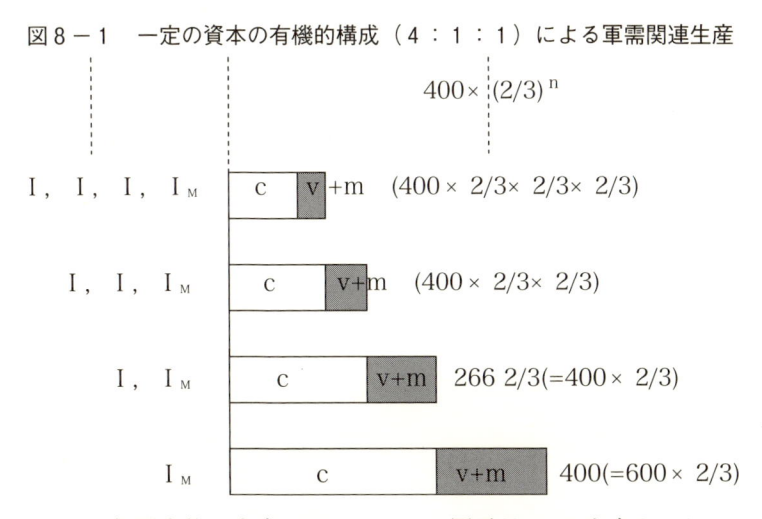

これはⅠ部門全体の生産6000のうちに，軍需品600を生産するために，1200が軍需生産手段の関連生産に投入され，軍需品600と合計して1800の軍需品関連の再生産が年々行われていることを明らかにしている。つまり

6）　延近充「軍需品生産の再生産表式分析にかんする一考察——従来の諸議論の検討を中心に」『三田学会雑誌』1983年8月号，119ページ。

年々これらの労働生産物と労働が人間殺戮手段の再生産のために浪費されている。

(3) 軍需品生産部門とその関連部門との拡大については，他の部門を圧迫し，縮小させながら，社会的再生産の均衡条件を保ちつつ，拡大再生産が進展することは可能である。しかし，「これを著しく拡大しようとすれば課税率を高めて大衆の消費的基礎を圧縮せねばならず，軍需の増大が他の産業の縮小と同時に行われる。……軍需生産の盛行は社会の全生産および消費機構を変形することをもたらす」。戦時における再生産の不均衡発展によって社会的生産力への破壊，労働者階級の生活貧困などは軍需生産の肥大化がその主要原因である。

芝原拓自によれば，軍需品生産の存在によって，「消費手段生産の最悪の停滞傾向」が生じ，「経済軍事化＝累進による消費手段生産の単純再生産すらの不可能性＝破壊」に至るが，MおよびⅠ部門の累進的拡大は，「政治的・軍事的至上命令」であるから，「この矛盾は解決不可能」であり，「戦争経済の……再生産軌道攪乱＝破壊の問題性はここに絶対的に証明」されるということである。

2 ケインズ派主張の誤り

以上の観点に対して，ケインズ派の経済学者は軍需生産が社会的再生産にとって負荷作用だけではなく，肯定的影響をも与えると主張する。

この主張は独占資本主義に固有な資本と労働力の過剰に基づく停滞的傾向が存在するという一般的前提条件のもとで提示されていた。

「なによりもまず，さもなくば遊休化するはずの資本と労働力が生産過程に入れられるという点に限られる。この方法（軍需品の買付け——筆者

---

7) 守屋典郎『恐慌と軍事経済』青木書店，1953年，203ページ。
8) 芝原拓自「再生産理論と軍事経済についての一試論」名古屋大学『経済科学』第13巻第1号，1966年1月，63ページ。

第8章 単純再生産の条件下での軍需表式の確立

注）で経済恐慌の古典的形態——過剰生産と失業——が阻止される[9]」。軍需生産の労働は，資本にとって過剰生産と失業は依然として存在する限りに，「……いまやもっぱら新しい形態でそれらは現れる，浪費のための生産と不生産的労働という形で，である[10]」。つまり軍需生産は国家の介入によって過剰資本を処理する１つの手段であるとみなされている。

さらに，軍事支出によって，「雇用は維持され，産業は利潤獲得の機会を得，景気は保たれ，年々の国民総生産はその分だけ大きく国民所得を高めるのに貢献する[11]」と主張している。

これらの主張はすでに批判されたように誤りである。

第１は第７章で分析されたように，軍需生産は再生産の循環に入らない軍需品を生産するために資金と資材を注入することによって，長期的には拡大再生産の素材的基礎をますます狭めることになるので，国民経済にとって最も浪費的なものである。

第２は軍事費の拡大を行えば，総需要が拡大することは間違いがなく，一時的に景気を加速させることも確かであろう。しかし，旧ソ連やアメリカの軍事力競争が引き起こした両国の経済力の衰退は，軍需生産の経済への長期的なマイナス効果を重視する必要があることを示している。これは資源が非生産的な軍事に使われることで，長期的に蓄積が減少するケースである。

旧ソ連では蓄積は政府により管理されており，これを軍事力や投資以外に使うことを可能にする制度が存在しない。蓄積がなくなり，設備の老朽化を補うこともできなくなったために，経済力は再生されなくなり，崩壊してしまった。

一方，アメリカはレーガンによる軍事力拡大を，国民に最も人気のある

9）　M・コゴイ，田口富久治・芝野由和・佐藤洋作訳『価値理論と国家』御茶の水書房，1983年，148ページ。
10）　M・コゴイ，同上。
11）　都留重人編『現代資本主義の再検討』岩波書店，1961年，46-47ページ。

減税政策と同時に行ったために，大幅な財政赤字が発生した。このための資金はアメリカで国内蓄積率が下がったために，外国からの資金流入によって賄われた。その結果，経常収支が大幅な赤字となり，巨額の累積債務国となった。これはドル安を導き，経済は停滞に陥った。

このような理論と現実の両方から見ると，ケインズ派は短期の効果を一面的に重視し，軍需生産が再生産に対してポジティブな影響を与えるという考えが実は軍需生産の本質を軽視した結果であるということがわかる。

3 軍需表式確立の意義

軍需生産の再生産表式への導入はマルクスの再生産理論にとって1つの大きな理論的前進であるといえるであろう。この試みの展開によって，軍需生産が著しく拡大される戦争時代においてその社会的再生産への破壊性を解明できるのみならず，平和時代における軍需生産の経済発展への制約性，そしてその今後の行方に対する問題性を分析する場合にも重要な意義を持っている。

特に現代に入って，軍事力は国の経済力への依存を増大している。技術の進歩による軍需生産の費用の増大にともなって，軍需生産の進行は社会的再生産全体への影響をますます大きく及ぼすようになる。その他の諸生産部門との関係，社会的生産との制約・依存関係および特有な価値補塡などは，軍需品生産の再生産表式分析によって一目瞭然であろう。

ただし，上の軍需表式においてはその限界も現れている。それはマルクスの単純再生産表式の数字をとり，社会全体の投下総資本規模は一定，労働力総量・労働総量も一定で，社会全体で同じ規模の単純再生産が行われるとの仮定のもとで，租税が600徴収されて600の軍需生産が再生産されると仮定するので，軍需生産のために，直接・間接の再生産の分だけ他部門の再生産が縮小されるのである。そしてここでは拡大再生産が行われる場合に軍需生産規模の増大によって，「Ⅰ部門の不均等拡大」や「余剰生産

第 8 章　単純再生産の条件下での軍需表式の確立

手段」の過剰化の不可避をもたらす事態[12]などは反映することができないことが，その限界を表している。

---

12) 井村喜代子，前掲書，366 - 367ページ。

第9章　軍需生産の民需転換による経済発展への影響

　理論分析は現実問題の解明に適用される際，その活力を現す。以下では，上の理論分析を踏まえて，今日の軍需生産の新たな転換，特に民需生産への転換についてその意義を検討してみる。

1　軍需表式による軍需生産転換の分析

　再生産理論によって軍需生産が社会的再生産にとって破壊的，浪費的であるということがわかった。上の分析が示したように600の軍需品を造るために，関連生産は1200が行われなければならない。つまりⅠ部門全体の生産6000のうち，1200が最終的に軍需生産に結実していき，4800が生産手段の生産に結実していく。消費手段の生産も2400（3000－600）までに減少する。もし600の軍需品生産が完全に廃絶されるならば，1200が4800へ加えることができて，生産手段の生産規模全体は6000になり，消費手段の生産規模も3000にもどる。社会的再生産の発展，労働者生活の向上がより促進されることができるであろう。
　しかし，今日まで軍需生産は完全に停止されることがなかった。周知のように，現代社会においても，平和と局地戦争と大戦の三者はいつも交替的に現れるのである。両次世界大戦の間はわずか21年間であり，この21年間に60回以上の武装衝突と局地戦争が起こった。第2次世界大戦後，世界規模の大戦は起こっていないけれども，局地戦争は絶えていないのも事実である。
　こういう現実を踏まえて，次のように想定する。平和時期において軍縮

の要求に従って軍需生産が量的に減少するとするならば，たとえば，600の軍需品生産を300に縮小すると仮定する場合に，他の生産部門への影響はどうなるであろうか。

すでに分析したように軍需表式は次のとおりである。

I (1)　2666 2/3c + {533 1/3v(消) + 133 1/3v(軍)}
　　　　　　　　　　　　　+ {533 1/3m(消) + 133 1/3m(軍)}
　　　=4000　I用の生産手段

(2)　1066 2/3c + {213 1/3v(消) + 53 1/3v(軍)}
　　　　　　　　　　　　　+ {213 1/3m(消) + 53 1/3m(軍)}
　　　=1600　II$_k$用の生産手段

I$_M$　266 2/3c + {53 1/3v(消) + 13 1/3v(軍)}
　　　　　　　　　　　　　+ {53 1/3m(消) + 13 1/3m(軍)}
　　　=400　M用の生産手段

II$_k$)　1600c + {320v(消) + 80v(軍)} + {320m(消) + 80m(軍)}
　　　=2400　消費資料

M　　400c + {80v(消) + 20v(軍)} + {80m(消) + 20m(軍)}
　　　=600　軍需品

ここで前と同じ前提として，軍需品は300まで減少し，20％の税率は相応に10％にするならば，賃金vと剰余価値mから徴収され，軍需生産へ投入する税金は以前のvやmの5分の1を占めるから今の10分の1までに減少する。すなわち，v，mの中で，消：軍＝4：1⇒9：1に変化する。もしc：v：m＝4：1：1（資本の有機的構成）不変の場合ならば，M用の生産手段の生産も400から半分が減って200になる。そして次のような変化が生じる。

計算9-1　軍需生産の民需生産への転換

①軍需品：軍需品が300までに削減されるならば，資本の構成によって

第9章　軍需生産の民需転換による経済発展への影響

軍需生産の生産手段が400から200になって，同様に半分減る。

M　　200c＋50v＋50m＝300

⇒200c＋{45v（消）＋5v（軍）}＋{45m（消）＋5m（軍）}＝300

②消費資料：軍需生産はⅡ部門の一亜部門であるために，消費資料が軍需品生産の減少にともなって300が増大となる。(2400→2700)

Ⅱ$_{k)}$＋M＝3000のために，Ⅱ$_{k)}$＝3000－300＝2700

Ⅱ$_{k)}$　　1800c＋450v＋450m＝2700

⇒1800c＋{405v(消)＋45v(軍)}＋{405m(消)＋45m(軍)}＝2700

③M用の生産手段：200を生産するために，その生産が次のように行われる。

Ⅰ$_M$　　133 1/3c＋33 1/3v＋33 1/3m＝200

⇒133 1/3c＋{30v(消)＋3 1/3v(軍)}＋{30m(消)＋3 1/3m(軍)}＝200

④Ⅱ$_{k)}$用の生産手段：1800は前の1600より200増大したために，その関連生産も1066 2/3から1200まで増える。

Ⅰ$_{(2)}$　　1200c＋300v＋300m＝1800

⇒1200c＋{270v(消)＋30v(軍)}＋{270m(消)＋30m(軍)}＝1800

⑤Ⅰ用の生産手段：そのまま変化なしが，税率の下降によって労働者，資本家はより多い消費資料を手に入ることができる。(533 1/3消→600消)

Ⅰ$_{(1)}$＋Ⅰ$_{(2)}$＋Ⅰ$_M$＝6000ので，Ⅰ$_{(1)}$＝6000－Ⅰ$_{(2)}$－Ⅰ$_M$＝6000－1800－200＝4000

Ⅰ$_{(1)}$　2666 2/3c＋{600v(消)＋66 2/3v(軍)}＋{600m(消)＋66 2/3m(軍)}＝4000

以上の変化をまとめてみると，次のようになる。

表9-1　軍需生産の民需生産への転換前後の比較表

	Ⅰ部門			Ⅱ部門	
	Ⅰ用の生産手段	Ⅱ$_{k)}$用の生産手段	M用の生産手段	消費資料（Ⅱ$_{k)}$）	軍需品（M）
前	4000	1600	400	2400	600
後	4000	1800（＋200）	200（－200）	2700（＋300）	300（－300）

これをみて次のような結論を得るであろう。

(1) 軍需品生産の縮小によって消費資料生産の拡大は可能になる。そして軍需品生産のために必要な生産手段の生産が相対的に減少するために，消費資料の生産に生産手段を提供する生産も増大することができて，全体的な経済向上，労働者生活の向上には促進作用をもたらす。

(2) この表式は税金がすべて軍需生産に投入されると仮定するので，軍需生産の規模を半分に縮小するならば，税率は20%から10%までに低下することを意味している。表式によって，各生産部門ともv(消)，m(消)部分が増大したことが明白である。すなわち，軍需生産の縮小は他部門生産を拡大させることを明らかにする。

(3) 年々300の軍需品を再生産する場合に，I_M部門でM部門用生産手段が年々200再生産されることになる。軍需品の再生産に関連する生産手段の生産も以前の1200から現在の600までに減少する。資本の有機的構成は4：1：1で4/6＝2/3。

計算9－2　軍需生産の民需生産への転換による軍需関連生産

$$S = \Sigma [200 + 200 \times 2/3 + 200 \times (2/3)^2 + 200 \times (2/3)^3 + \cdots\cdots + 200 \times (2/3)^n]$$
$$= 200 \times [(1-(2/3)^{n+1})/(1-2/3)] \quad ((2/3)^{n+1} \rightarrow 0)$$
$$= 200 \times 3$$
$$= 600$$

その関連生産の半分（1200→600）を減らすのは社会的再生産にとって大きな意味を持っている。

(4) 軍縮によって軍需生産の民需転換の重要な意義は再生産理論を通じて解明できる。このことは軍需表式の創見がマルクス再生産理論を大きく前進させることを示している。それを利用して現実の問題の解決に積極的な理論的寄与を果たすことができることは明らかである。

第9章　軍需生産の民需転換による経済発展への影響

2　現代における軍需生産の拡大による経済への破壊

　軍需生産の社会的再生産への破壊作用は理論分析によってすでに明確であるが，現実の歴史過程においても当てはまるであろう。両世界大戦において，軍需生産は無制限的に拡大され，労働者階級の生活貧困をもたらす一方で，社会的再生産を極大的に破壊した。「国の経済を戦時経済の軌道にのせるということは何を意味するか。それは片よった軍事的な方向に工業を発展させ，国民の消費とは関係のない戦争に必要な物の生産をできるだけ拡大し，国民の消費物資の生産，および特に市場への放出をできるだけ縮小し，したがって国民の消費を縮小して，国を経済恐慌に直面させることを意味する[1]」。
　大戦後まもなく今世紀3回目の世界大戦といわれた，米・ソのグローバルな軍事的双極を中心とする世界的な東西対立であった冷戦が始まった。米ソの核抑止体制を中心に据えて軍事的優越性を相互に追求した軍拡競争が世界の不安定をもたらした一方で，自国の経済にも大きなマイナスの影響を与えていた。

1　冷戦期におけるアメリカ経済減速の主な原因
　戦後主要な資本主義国家において経済発展の速度はきわめて不均衡である。かつて戦勝国であったアメリカの経済は数十年を経て，敗戦国であり，経済再建に力を注いだ日本に追い抜かれてしまった。この事態をめぐってアメリカの膨大な軍需生産が1つの重要な原因であることが指摘されている。

---

1)　「レーニン主義の諸問題」研究資料版，中巻，1188ページ，スターリン『第十六回党大会中央委員会の報告』。

167

1950,60年代の20年間全体についてみると，連邦財政支出総額は1兆9964億ドル，その49％に当たる9746億ドルが軍事支出であった。言い換えれば，この20年間，アメリカ連邦財政はその利用しうる資金の半分を軍事費に費やしたのである。
　アメリカではこの巨大な軍事支出は財政赤字の増加と結び付いている。特に80年代に入って，レーガン軍拡政策は財政赤字と貿易赤字という「双子の赤字」と産業空洞化をいっそう深刻化させ，80年代後半，ついにはアメリカを債務国に転落させる結果となった。図9-1の表示のように，80年代に軍事支出はほぼ毎年増加しているために，巨額の財政赤字を抱えていた。
　この巨額の軍事支出は，確かにかつて不況時には景気を底支えし，支出増加を通して経済と雇用の拡大を促進し，いわゆる経済的繁栄をもたらしたが，しかし他方では，経済が長期的な拡大基調にある時は，物的人的資源を民間経済から引き抜き，これを再生産外的に消耗することによって，経済発展に否定的影響を及ぼすことになる。
　統計によれば，50～60年代にアメリカの軍事費総額の9731億ドルは，民間国内総投資の中に機械設備投資総額の6708億ドルの1.5倍にあたる。も

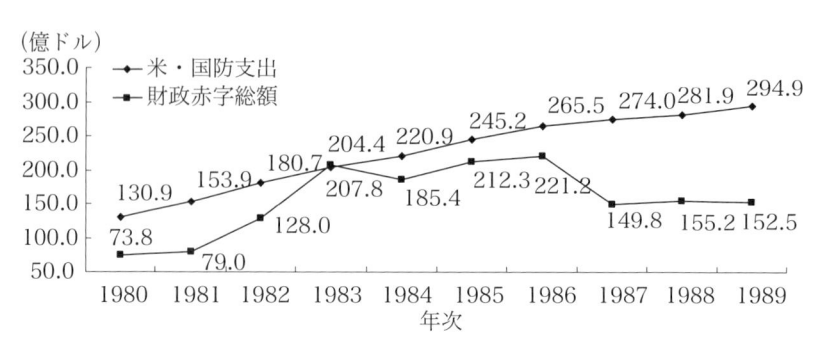

図9-1　アメリカの国防支出と財政赤字

年次	米・国防支出	財政赤字総額
1980	130.9	73.8
1981	153.9	79.0
1982	180.7	128.0
1983	204.4	207.8
1984	220.9	185.4
1985	245.2	212.3
1986	265.5	221.2
1987	274.0	149.8
1988	281.9	155.2
1989	294.9	152.5

（注）「'96年米国経済白書」（週刊エコノミスト）274ページ　表76連邦政府収入・支出および収支（1940～1995年）の数字より。

第9章 軍需生産の民需転換による経済発展への影響

し軍事費のかなりの部分が機械設備に向けられていたならば，従来の重化学工業の機械設備はいっそう更新拡張され，当該部門の生産性が上昇し，経済成長率は高められていたに違いない。[2]

アメリカの民間団体である「経済的優先度評議会」の調査報告は，主要工業13カ国の1960～1979の20年間にわたる経済実績を比較分析し，全般的傾向として，軍事支出の少ない国ほど経済成長が高く，投資が増大し，生産性が向上していることを明らかにしている。先進工業13カ国のうち，アメリカは軍事支出が国内総生産GDPに占める比率では第1位だが，GDPの成長率では下から3番目である。

さらに1971～80年の10年間，アメリカの国内総生産GDPに占める純投資のシェアは，日本のシェアの34％，西ドイツのシェアの56％にすぎなかった。その結果，日本の生産性上昇率は最高の値7.4％を示しているのに対して，西ドイツは4.9％，アメリカは2.5％で最悪であった[3]（表9-2参照）。

表9-2　OECD6カ国の資本形成の比較，1971～80年

(単位：％)

国名	粗投資	粗固定投資	純固定投資	製造業の時間あたり生産の増加率
フランス	24.2	22.9	12.2	4.8
西ドイツ	23.7	22.8	11.8	4.9
イタリア	22.4	20.1	10.7	4.9
日本	34	32.9	19.5	7.4
イギリス	19.2	18.7	8.1	2.9
アメリカ	19.1	18.4	6.6	2.5

---

2) 鄭淵沼「経済の軍事化が再生産におよぼす影響について」『軍拡と軍縮の政治経済学』（経済理論学会年報）第22集，青木書店，1985年，227ページ。
3) 鄭淵沼，前掲書，228ページ。

2 軍備競争による旧ソ連の崩壊

社会主義国家の場合に，軍需生産の資金源泉は資本主義の場合とは違って，社会総生産品価値 $C+V+M$ 中の余剰価値M部分だけからであるが，M部分は資本主義の剰余価値Mと同様に他の生産部門，すなわちⅠ部門とⅡ部門の拡大再生産の源泉であるので，軍需生産は拡大すればするほど，Mに占める量は大きくなり，Mの中で蓄積に使用される部分は相応に減少していく。両生産部門の拡大再生産は蓄積率の低下によってその実現の可能性も小さくなる。もし軍需生産の支出がMを超えてしまうならば，両生産部門の生産規模は縮小するまで影響を及ぼし，社会的生活水準の全面的下降へと導くであろう。その破壊性は資本主義の場合と同様に大きいであろう。

冷戦中，アメリカと軍備競争するために，旧ソ連は軍事力優先の投資政策を取り込んでいた。その結果，80年代終わりごろ，経済はますます悪化し，危機的な状態に陥った。数字の上で見ると，1989年の国家予算は，歳出が4947億ルーブル，歳入が4584億ルーブルで，およそ350億ルーブルの赤字予算であった。旧ソ連の国家予算は，実際には，すでに10年ほど前から赤字に転落していたが，公式に赤字予算が組まれたのはこれが初めてであった。さらに1989年の財政赤字は，およそ1000億ルーブルであり，GNP（国民総生産）のおよそ11％であった。また，1989年6月にルイシコフ首相が初めて公表した西側への累積債務も340億ルーブルに上がっていた[4]。

この背景のもとで旧ソ連は経済の危機を乗り越えるために改革を遂行しようとしたが，結局失敗して旧ソ連が崩壊してしまった。軍需生産を過度に発展させ，社会的総生産のバランスを崩すことになった点が1つの重要な原因であったといえるであろう。

4）『軍縮が世界経済を変える──米ソ両超大国の挑戦』日本放送出版協会，1990年，62ページ

第9章　軍需生産の民需転換による経済発展への影響

　冷戦は旧ソ連の経済的破綻という軍事力には依らない原因で終止符が打たれることになった。それによって，国際社会は新しい秩序を模索し始めることになった。経済発展が重視され，軍縮は世界中で広がっている。そして軍需生産の民需生産への転換も推進されつつある。

3　冷戦後の世界軍縮の動向

　冷戦後，世界軍縮の動きが目立っている。先進国において新たな政策が相次いでとられた。フランスでは1996年5月に新しい国防計画法案（1997～2002年）が決定，国防予算の削減と徴兵制の廃止が盛り込まれた。徴兵制から志願制に切り替わることにより全体の兵員数は大幅に削減される。また，ロシアでもエリツィン大統領が2000年までに徴兵制を廃止する大統領令に署名した。アメリカ合衆国でも現役軍事要員削減を進めている。その結果として，世界全体の軍人総数が1995年時点で計2303万人であり，ほぼ30年ぶりに1967年の水準に戻り，最多の1988年の8割に減少したことが明らかになった。世界的な軍縮・緊張緩和が進んでいる。[5]

　次ページ表9-3は主要先進国の冷戦中（1985年）と冷戦後（1994年）の兵力状況を示している。その削減の程度は明白である。

　冷戦構造の崩壊は先進国に軍縮の好機をもたらしたが，第三世界の多くの国ではむしろ軍備拡充に向かっている。しかし第三世界の軍備拡充は，先進国軍需産業の縮小分を十分吸収できるだけの規模はない。第三世界の多くの国々と先進国とでは，軍備とそれにかける支出の差は桁違いに大きなものである。

　統計によると，1991年の世界の軍事支出は1990年に比べて4.38％減少し

5）　アメリカのワシントンに本部を置く環境・人口問題調査研究機関ワールドウオッチの年次報告による。

171

表9-3 主要先進国の兵力変化

(単位:千人)

	NATO, 欧州諸国総計	フランス	ドイツ	イギリス	アメリカ	旧ソ連・ロシア
1985年	3143.4	464.3	478.0	327.1	2151.6	5300.0
1994年	2469.0	409.6	367.3	254.3	1650.5	1714.0
削減数	-674.4	-54.7	-110.7	-72.8	-501.1	-3586.0

表9-4 1990〜91年の地域別軍事支出

(単位:億ドル/1990年度米ドル換算)

	1990年	1991年
アメリカを含むNATO	5390.4	4515.2
旧ソ連	2253.8	2394.2
東　欧	77.3	82.0
その他の欧州	150.0	186.5
中東/北アフリカ	599.9	727.5
アジア/太平洋	862.3	994.8
南　米	100.4	100.7
アフリカ	69.9	86.0
合　計	9504.0	9086.9

た。冷戦が終結し，東西対立が消滅したNATO諸国は一気に16.24％の軍事費削減を実施している（表9-4参照）。

具体的数字を見ると，米国を含むNATOは1990年では5390億4000万ドルであった。旧ソ連はこの年，2253億8000万ドルを支出したと推測されている。これに東欧諸国を加えると2330億ドルを超える。アジア/太平洋諸国の支出は862億3000万ドルでNATOの16％にしかならない。中東/北アフリカは599億9000万ドルで，やはりNATOの11％でしかない。

1991年になると，NATOの軍事支出は4515億2000万ドルまで減少した。875億2000万ドルの削減である。崩壊前の旧ソ連は2394億2000万ドルに増加したというが，1992年にロシアとなり，国防費は一気に半分近くにされ

第9章　軍需生産の民需転換による経済発展への影響

た（インフレ率が激しくてドル換算がきわめて困難である）と推測されている。東欧は4億7000万ドル，その他の欧州は36億5000万ドル，中東／北アフリカは127億6000万ドル，アジア／太平洋地域は132億5000万ドル，南米は3000万ドル，サハラ以南のアフリカ諸国は16億1000万ドル，いずれも軍事支出を増加させたものの，全体としてNATOの削減幅には遠く及ばない。旧ソ連の増加幅を加えても458億1000万ドルの増加であるのに対して，NATOは合計875億2000万ドルもの削減を行ったからである。第三世界の軍備増強で到底補えるものではない[6]。

上述のように，冷戦後の世界各国は経済優先を最も重視し，軍縮は全世界で進展している。軍需生産の縮減は客観的な趨勢である。

4 軍縮による軍需生産の民需生産への転換

戦時，あるいは緊急事態において，軍需生産はつねに拡大される。この拡大された部分は緊急時の必要性を満たすが，平和時になると，その保有はただの浪費になるのは間違いない。そこで，この部分は縮小される可能性が生じる。つまり，完全に停止したり，民需産業へ転換したりされるのである。中で特に注目するべきものは軍需生産の民需生産への転換である（以下は「軍転民」と呼ぶ）。

1　米国における「軍転民」の実践

第2次世界大戦後，アメリカでは前後四回の「軍転民」が行われていた。第1回目は終戦直後の1945～1947年にある。国防支出は国民総生産に占める比率が，1944年の41％から1947年の6％までに低下され，年平均46％のペースで下がっていた。第2回目は朝鮮戦争後の1954～1956年にあり，国

6）　江畑謙介『世界の新秩序と軍事力』PHP研究所，1992年，113ページ。

防支出は年平均7.6％下がった。第3回目はベトナム戦争後の1972～1973年にあり，国防支出は年平均8.5％下がった。第4回目は80年代から開始された現在行われている軍縮である[7]。これらの軍事費の大幅カットによって，軍事企業も否応なく企業体質の転換を迫られることになり，軍需産業から平和産業への転換は必然となった。ボーイング社はこの民生部門への転換に成功した代表的な例である。

純粋な軍事企業であったボーイング社が，民間航空機部門に乗り出したのは1957年，第1号ボーイング707である。その後，1988年12月末までに，ボーイン707から767まで合わせて5621機のジェット旅客機を世界中に売り，世界ナンバーワンの民間航空機メーカーにのし上がった。今日ではボーイング社はすでに世界の民間航空機製造シェアの60％を占めるほどになった[8]。

2　旧ソ連における「軍転民」の試み

旧ソ連でも冷戦末期に大きな転換があった。1989年から不振の経済を立て直すために，前述したように兵力，国防費の大幅削減が実施された。

その削減とともに，旧ソ連が軍縮政策の柱として進めようとしているのが，「軍事産業での民生用物資の生産」いわゆる「民需転換」である。ゴルバチョフ政権は，1989年中に軍事産業の生産力の40％を民生用に振り向け，1991年にこの比率を50％に，また，1995年までに60％に高めたい意向であった。旧ソ連政府は，1989年中に具体的な民需転換の総合計画を作成して，議会に提出することになった。また，モイセーエフ参謀総長は，1991年から始まる次の経済五カ年計画の期間中，民需転換によって，2500億から2700億ルーブルの消費物資が生産されるとの見通しを明らかにしている。

旧ソ連で1989年に，軍需工場で製造されている生活必需品は，およそ

---

7) 黄海元「米国軍転民総述」『現代軍事』（中国版）1995年1月号，25ページ。
8) 『軍縮が世界経済を変える―米ソ両超大国の挑戦』前掲書，49-50ページ。

第 9 章　軍需生産の民需転換による経済発展への影響

2000品目に上がっている。たとえば，1988年には，こうした軍需工場でおよそ1000万台のテレビが生産され，国産の冷蔵庫全体の95％，洗濯機の62％，掃除機の69％が生産された。

　また1989年には，軍需産業では270億ルーブル相当の生活必需品の生産が見込まれている。これは，生活必需品の生産総額の7.5％に当たるものである。[9]

　旧ソ連はこの後，改革失敗のために，崩壊してしまったが，その「軍転民」の動向は，拡大されすぎた軍需生産は民需部門への転換が必然的な要請であることを証明している。

　しかし，軍転民の過程において，多くの成果が挙げられた一方で，さまざまな問題も出てきたし，失敗の例も少なくない。その転換の難しさは軍需表式から見れば，明瞭であろう。600の軍需品を生産するために，1200関連生産が行われなければならない。軍需品の生産を削減して，民需生産へ転換しようとする場合，関連生産に多大な影響を与えざるをえない。

---

[9] 同上，59ページ。

第10章　中国における軍需生産転換の見通し

　国際環境の緩和にともない，中国において1980年代から改革開放の経済政策が取り上げられるとともに軍需生産の認識も変わった。それにしたがって転換が始まった。

1　中国における軍需生産の量から質への転換

　建国後，毛沢東政権は当時の国際環境に基づいて，戦争発生の可能性が随時にある，国防力は即戦に対応，大規模な戦争に対応，核戦争に対応する力量を持たなければならないという基本判断で，膨大な軍隊を作り，大量の資金を軍需生産へ投入していた。これは当時の特定な歴史条件では一定の合理性が認められるものの，社会的再生産全体のバランスを考えずに，軍需生産の過度拡大を図る政策は中国の国民経済発展に大きな負荷作用を与えることになったのも事実である。

1　軍需生産の位置づけの変化
　冷戦後，鄧小平政権は，①全面戦争は生起しない，②将来戦は限定戦争である，という国際情勢ないし戦争認識に立って，社会主義的生産目的は人民の不断の物質生活・文化生活向上の要求を満足させることであると提起し，経済建設を最優先する改革開放政策を展開する中で，国防政策を経済建設の後に位置づけてきた。
　1978年に共産党の第11期第3回中央委員会全体会議で鄧小平路線といわれる「経済発展戦略」が採択され，「工業，農業，国防，科学技術の四つ

177

の現代化」政策が中心命題に据えられた。この「四つの現代化」は，改革開放政策によって経済の高度成長の目標となって，経済建設を最優先する路線が推進されてくる。

ところで，80年代を通じて「国防の現代化」は必ずしも高い優先順位には位置づけられてはこなかった。それは強大な国防力を持つためには，まず基盤である国家経済力が強力でなければならず，国力増進のためには基幹となる工業，農業等の発展が必要であるという認識があったからである。中国における軍需生産の転換もこれによって始まった。転換の際に，武器,人員の質の向上を目指すという点が強調されることになった。

2 軍需生産の量から質への転換

かつて毛沢東時代においては，武器は「戦争の重要な要素」であっても「決定的な要素」ではないというふうに広く考えられた。毛沢東は「戦争の決定的な要素は物ではなく人である」と述べて，武器よりも人の果たす役割を重視していた[1]。こういう考え方で，中国軍兵員数は60年代初期の250万人前後からほぼ年々増大し，1981年にピークを迎えて475万人に達した（表10-1）。このような肥大化した軍隊の所有は軍事支出の国家予算に占める比重の増大をもたらすだけでなく，軍隊の精鋭さが失われ，戦闘に耐えられなくなるという事態を生じた。このために，経済の改革開放の推進とともに，「軍隊の整頓」を進めることが鄧小平政権の最大の課題の1つにもなったのである。

表10-1　中国軍兵員数の推移[2]

（単位：万人）

年代	1963	1965	1967	1969	1971	1973	1975	1977	1979	1981
兵力	247.6	248.6	273.6	282.1	288.0	290.0	325.0	395.0	436.0	475.0

1) 毛沢東「論持久戦」『毛沢東選集』北京・人民出版社，第2巻，459ページ。
2) 平松茂雄『中国の国防と現代化』勁草書房，1985年，7ページ。

第10章　中国における軍需生産転換の見通し

　図10-1「中国の兵力および国防費の推移」を見ればわかるように，中国では経済発展を最優先させることで，国防費は抑制され，国防予算の財政支出に占める割合は80年代を通じて16％から8％台にまで縮小してきた。この限られた国防費の中で，国防現代化政策は80年代以後，「量から質へ（兵力量を削減して質的戦力の現代化を進める）」の方針のもとに進められてきた。実際，1985年の100万人兵力削減などにより，80年代に500万人近いレベルから今日の300万人台へと大幅に削減されている。同時に「精兵簡政」の方針によって11の大軍区を7大軍区に，36の歩兵軍を24の合成集団軍へ，各兵種司令部や教育機関の統合など軍事機構，組織の改編・整備が行われ，軍隊の国防化，正規化が進められてきた。この人員削減による節約された資金が国防の現代化に，つまり兵員素質の向上および兵器・装備のハイテク化に投入されている。

　図10-1「(c) 国防費」では国内のインフレの影響を受けていたために，国防費は元の計算で大幅に上がっているが，米ドルの計算によって下がる趨勢がよくわかるであろう。

　このような国内経済建設を優先する政策で国防費を最小限に抑えようとしている中で，1991年に湾岸戦争が起きた。中国は米国のグローバルパワーの威力とハイテク兵器の新しい戦争様相に二重の衝撃を受けて，新しい戦争に有効に対応するために，国防の現代化，特に兵器のハイテク化の必要性をますます強く認識することになった。同年の春に「国防科学工業先進工作会議」を開催して，軍事科学技術の向上，ハイテク新兵器の開発に力を入れていくことを打ち出した。その結果，中国の武器などの開発の基本方針は「①自力更生を主とするが，西側からの高度軍事技術を積極的に導入する。②核兵器を含む先端兵器の研究政策を重視する。③軍需工業の民用品生産への転換を図る」ことが掲げられてきた。

　さらに，1993年には「新時期における軍事戦略方針」を策定して，現代化促進へと国防政策の転換を図っている。1996年3月の全国人民代表大会で李鵬首相は「国の安全を守るために，国防現代化に力を入れ，国防力を

図10-1　中国の兵力および国防費の推移

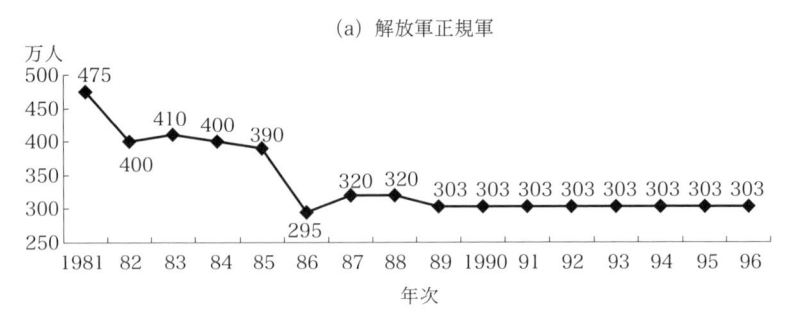

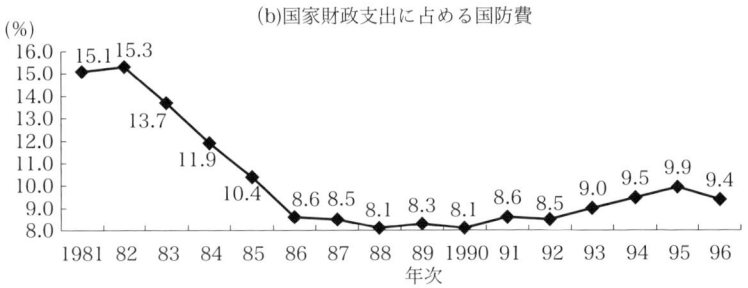

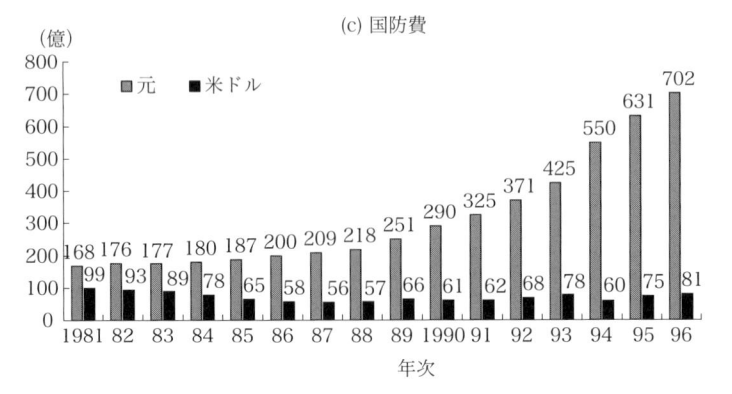

(a) 解放軍正規軍

(b) 国家財政支出に占める国防費

(c) 国防費

(出典)「中国統計年鑑」(1995年版),「人民日報」,「中国通信」等から作成。
(注)　①国防費は予算執行額を示す。ただし96年度は予算額。
　　　②米ドル換算は「ミリタリーバランス」(各年版)のレートによる。ただし96年は95年を準用。
　　　③正規軍人数は「ミリタリーバランス」(各年版)の「総兵力数」による。

第 10 章　中国における軍需生産転換の見通し

強化しなくてはならない。……ハイテク条件下の防衛戦で必要な武器装備を優先的に開発し，新型武器装備を重点的に強化する」と兵器装備の先進的水準への現代化の方針を表明した。これに応じて軍需生産も量的生産よりもむしろ質的生産の重視へ転化していく。

そして，第 9 次経済発展 5 カ年計画の決議において，江沢民総書記の「十二項目の重大関係」講話が発表されたが，その中にも軍事力建設の方針は次のように示されている。「国防の現代化は中国の社会主義現代化の重要な一部であり，国防建設の強化は国家の安全と経済発展の基本保障である」と位置づけたうえで，国防建設は「国家の経済建設という大局に従うべきである」との方針を再び示している。そしてその目標は「積極防御の戦略方針を貫徹し，ハイテク条件下の防御，即応作戦能力，軍隊資質などの向上」を挙げ，「国防科学技術研究，平時・戦時の結合，軍事・民間の結合，国防工業基盤の確保，戦時・平時の転換能力」の強化が重要であると強調している[4]。

2　転換における潜在的な負荷作用

中国における軍需生産の質への転換は軍事技術の向上を重視する意識が強く反映されている。こうした軍事技術の発達は軍需生産と社会的生産にどのような影響を及ぼすであろうか。まず理論分析から見ていく。

1　軍需表式に基づく軍需生産における技術進歩の実質

技術進歩とは再生産理論の観点から見れば，資本の有機的構成が変化することを意味している。つまり単純再生産の表式において $c:v:m = 4:1:1$ である比例が c の増大によって変わることを示している。ここでも

---

4) 『解放軍報』1995 年 11 月 2 日。

し剰余価値率は不変のままであるとするなら,軍需表式に基づいてこの変化を分析すれば,技術の向上は軍需生産に何をもたらすのか,すなわち軍需生産における技術進歩の実質とは何かという問題がわかるであろう。

(1) 軍需品生産部門の規模不変の場合

他の条件は変わらない場合,軍需生産部門における資本の有機的構成はc：v：m＝4：1：1から,技術の進歩のために,生産力が向上して,c：v：m＝6：1：1になると仮定する。そして年々600の軍需品を生産するために,I_M部門でM部門用生産手段が年々450（600×6/8）を生産しなければならない,軍需生産の関連生産は次のように変化が起こるであろう。

先に,変化前の関連生産は次のとおりである。生産物価値に占める生産手段の価値の割合は4/6つまり2/3である。

計算10-1　一定の資本の有機的構成（4：1：1）による軍需関連生産

$$S = \Sigma[400 + 400 \times 2/3 + 400 \times (2/3)^2 + 400 \times (2/3)3 + \cdots\cdots + 400 \times (2/3)^n]$$
$$= 400 \times [(1-(2/3)^{n+1})/(1-2/3)] \quad ((2/3)^{n+1} \to 0)$$
$$= 400 \times 3$$
$$= 1200$$

そして,変化後,次のようになる。(4/6が6/8つまり3/4に変化するので)

計算10-2　拡大した資本の有機的構成（6：1：1）による軍需関連生産

$$S_① = \Sigma[450 + 450 \times 3/4 + 450 \times (3/4)^2 + 450 \times (3/4)^3 + \cdots\cdots + 450 \times (3/4)^n]$$
$$= 450 \times [(1-(3/4)^{n+1})/(1-3/4)] \quad ((3/4)^{n+1} \to 0)$$
$$= 450 \times 4$$
$$= 1800$$

第 10 章　中国における軍需生産転換の見通し

　上の計算例で集計値の算出のために用いた乗数2/3と3/4はそれぞれの資本の有機的構成を反映してそれによって決められている。

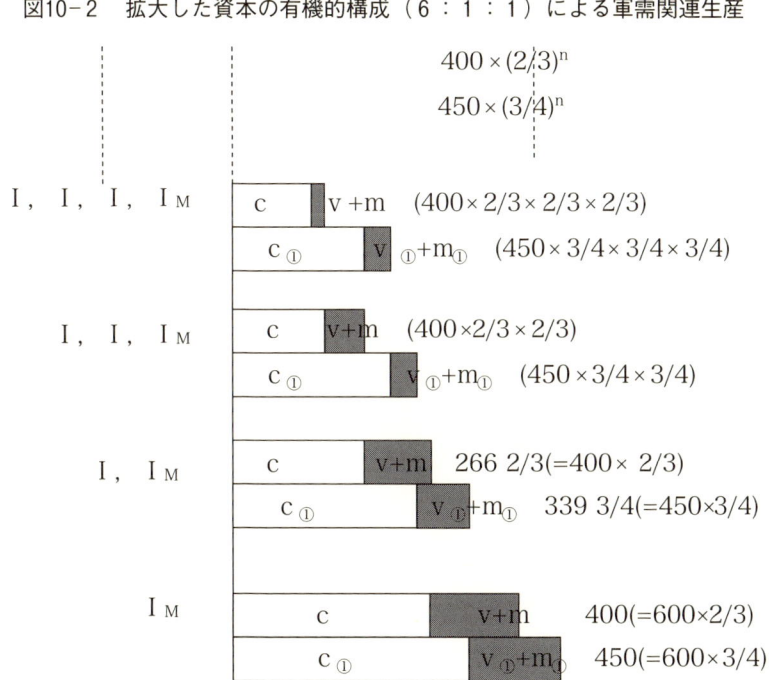

図10-2　拡大した資本の有機的構成（6 : 1 : 1）による軍需関連生産

$$400 \times (2/3)^n$$
$$450 \times (3/4)^n$$

I，I，I，I$_M$　　c　v+m　　$(400 \times 2/3 \times 2/3 \times 2/3)$
　　　　　　　　c$_①$　v$_①$+m$_①$　$(450 \times 3/4 \times 3/4 \times 3/4)$

I，I，I$_M$　　c　v+m　　$(400 \times 2/3 \times 2/3)$
　　　　　　c$_①$　v$_①$+m$_①$　$(450 \times 3/4 \times 3/4)$

I，I$_M$　　c　v+m　266 2/3（=400×2/3）
　　　　　c$_①$　v$_①$+m$_①$　339 3/4（=450×3/4）

I$_M$　　c　v+m　400（=600×2/3）
　　　　c$_①$　v$_①$+m$_①$　450（=600×3/4）

　この比較によると，同じ600の軍需生産を行う時，表面的には軍需生産の規模が拡大されていないが，技術が進歩したために，その関連生産は最初ではその差がまだ小さいけれども（c$_①$－c＝450－400＝50），生産手段の社会的遡及の拡大のために，別の見方をすれば，年々再生産が累積していくために，その差はますます大きくなっていく，最後で全体に600（1800－1200＝600）の大きさまで増大してしまって，他の生産部門の生産力が不変のままの場合においてⅠ，Ⅱ部門のための生産手段の生産がさらに縮小され，圧迫されていく。すなわち6000－1800＝4200しか生産されない（前

183

は6000－1200＝4800であった）ことが明白であろう。

　要するに軍需生産部門に直接的な投入を増加しなくでも，その技術を高めるために，関連生産への投資は増大しなければならない。この増大は社会的再生産に軍需生産の破壊作用を直接に表すことはないかもしれないが，その浪費性，他部門への悪影響はさらに大きいものであることが表式によって一目瞭然である。

　(2)　軍需品生産部門の規模縮小の場合

　軍縮の場合においても軍需部門の資本の有機的構成が大きく変化する時，表面上は軍縮と見えるけれども，実は軍拡を導いてしまう事態を引き起こすかもしれない。

　たとえば，前の例で租税は20％から10％に減少して，軍需品生産は600から300に縮小されるならば，他の条件は変わらないとして，軍需生産部門の生産力はかなり高まると仮定する場合，たとえば$c:v:m=8:1:1$と仮定するなら，生産手段比率8/10つまり4/5となるから，$I_M=300×4/5=240$になる。その関連生産の変化は次のとおりである。

計算10-3　量的の軍縮の下で拡大した資本の有機的構成（8：1：1）による軍需関連生産

$$S_① = \Sigma[240 + 240 \times 4/5 + 240 \times (4/5)^2 + 240 \times (4/5)^3 + \cdots\cdots + 240 \times (4/5)^n]$$
$$= 240 \times [(1-(4/5)^{n+1})/(1-4/5)]\ ((4/5)^{n+1} \to 0)$$
$$= 240 \times 5$$
$$= 1200$$

　この数字はこういうことを意味している。単独の生産過程において軍需生産規模は半分に小さくなって（600→300），軍需生産のために徴収される税金も半分に減少したので，どう見ても軍縮が進んでいるように見えるが，社会的再生産過程においてみると，資本の有機的構成が大きく変化したために，そのわずかの300の軍需品を生産するために，依然として年々

第10章　中国における軍需生産転換の見通し

図10-3　量的の軍縮のもとで拡大した資本の有機的構成（8：1：1）による軍需関連生産

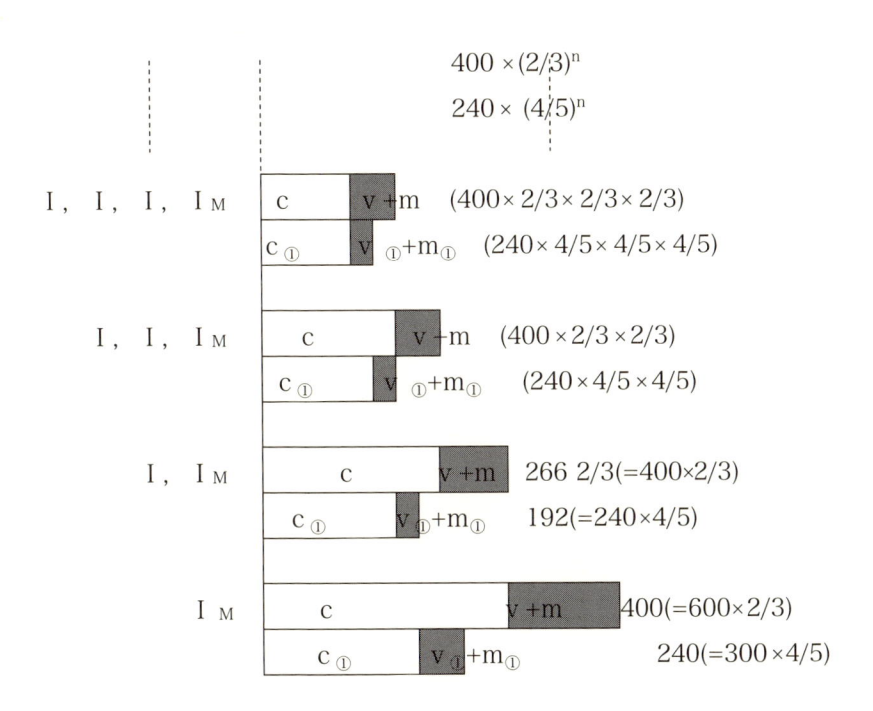

$400 \times (2/3)^n$
$240 \times (4/5)^n$

I, I, I, I_M　　c　v+m　$(400 \times 2/3 \times 2/3 \times 2/3)$
　　　　　　　　$c_①$　$v_①+m_①$　$(240 \times 4/5 \times 4/5 \times 4/5)$

I, I, I_M　　c　v+m　$(400 \times 2/3 \times 2/3)$
　　　　　　$c_①$　$v_①+m_①$　$(240 \times 4/5 \times 4/5)$

I, I_M　　c　v+m　266 2/3$(=400 \times 2/3)$
　　　　　$c_①$　$v_①+m_①$　192$(=240 \times 4/5)$

I_M　　c　v+m　400$(=600 \times 2/3)$
　　　$c_①$　$v_①+m_①$　240$(=300 \times 4/5)$

に1200の関連生産を行う必要がある（ｃの部分は結局同じになってしまう）ということがわかる。つまり，軍縮前に600の軍需品を生産するために1200の関連生産が行われているが，軍縮後に軍需品は300しか必要ないのに，関連生産の大きさは少しも減少しなかった。

もし軍事技術がさらに向上し，軍需生産の資本の有機的構成がさらに高まるならば，関連生産は1200を超えてより大きく膨れ上がるであろう。その時，表面的に軍縮しているが，実は実質的な軍拡へ導いていくことになる。そして全体の経済発展の負荷作用がいっそう大きくなるであろう。

ここに，現代軍需生産の特徴から軍事技術の向上にともなうその負荷作

用を見ることができる。

2 現代における軍需生産の特徴

現代に入ってから軍需生産は大きく変化を遂げてきた。この変化を引き起こしたのは何よりも生産力の向上，科学技術の進歩であるといえるであろう。

近代以前の社会においては，生産力の発達程度がまだ低いので，社会的生産は手工作業を主としていたために，軍需品生産の規模は相対的に小さかった。18世紀後期の産業革命後，機械制で特徴づけられた近代工業は資本主義経済の基礎となっただけではなく，軍需品生産にも技術的基礎を与えた。軍需品数量の増大，種類の増加にしたがって独立な企業と生産部門で生産されることが要求され，民需産業から独立した軍需産業が現れた。言い換えれば，軍需産業の誕生は技術の進歩と直接的につながっていた。

(1) 機械の使用は軍需生産規模の拡大に可能性を与える

資本主義社会になると，機械が広範的に使用されるようになり，生産力が急速に向上して，軍需産業の拡大に可能性を与える。それによって，戦争規模の増大をいっそうに促進した。戦費も絶対額においてのみならず，国民所得の支出割合においても増大したのである。たとえば19世紀には，戦争に対する支出は，交戦諸国国民所得の8〜13%であったが，20世紀の両世界大戦は資本主義諸国の国民にとって，全国民所得の半ば以上にも上る巨額な資金を要したのである。[5]

従来，軍需生産といえば，主として直接的完成兵器の生産をいい，経済の軍事化の指標は，このような兵器生産の比重の大小とされてきた。しかし，現代では，軍需生産や軍事化をこのように狭い範囲に限定することはできなくなった。急速な技術進歩のもとで，軍事力の経済的基礎は著し

---

5) A・ラゴフスキー（旧ソ連陸軍大佐）『戦略と経済』防衛研修所，1961年，4ページ。

第 10 章　中国における軍需生産転換の見通し

く拡大されていて，兵器の種類，範囲は拡大され，その生産のあり方もまた変化している。そして軍需生産にかかわる関連生産の範囲も広くなっていく。

(2) 技術進歩によって軍需と民需の境界が曖昧になる

技術進歩の速い現代では現代兵器もすぐ古くなり，どのような兵器がどれだけ必要であり，いつまで実戦に役立ちうるかは，なかなか予測できない。このために，小銃など小規模の兵器類を除き，大量生産に踏み切ることができず，したがって高価なものとならざるをえない。しかしながら，つねに生産体制を確立し，「有事の際」には大量に供給しうる生産能力を維持しなければならない。兵器の種類，範囲の拡大と技術進歩のもとでの現代兵器の生産はこのような特徴を持つために，軍需生産の範囲は著しく拡大され，ほとんど全部門にわたり民需生産と軍需生産との間の境界が曖昧になり，いわゆる「民軍混在」領域が増大している。次の図10-4のように変化していくであろう。[6]

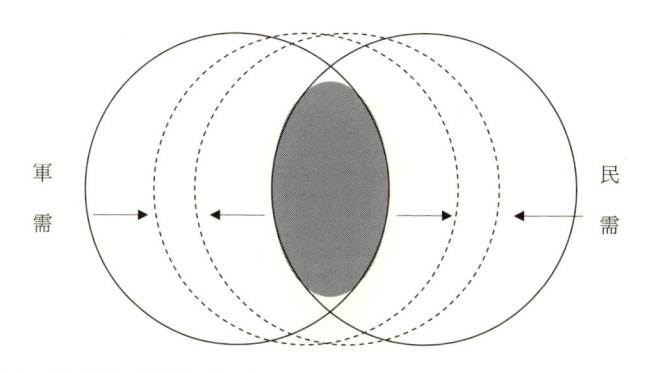

図10-4　民軍混在領域の拡大化の構造

軍需　　　　　　　　　　　　　民需

(注) 民需と軍需の混在領域が広がり，それが図の影の部分によって示される。

---

6) 進藤栄一『現代の軍拡構造』岩波書店，1988年，22ページ図参考。

(3) 技術の進歩は軍需生産を変容させる

広島原爆以後,軍備構造は科学技術主導型に変容してきたと同時に,軍事と産業との関係は逆転した。というのは,かつて軍事力はマンパワーと銃火砲を軸に展開され,その後社会の工業化にともなって軍需生産も非常に発展してきたが,軍事技術はそこでもなお,産業技術をあと追いしていた。たとえば,現代的装甲艦隊は,産業革命期の技術進歩を取り入れたものでしかなかったし,第1次世界大戦期の爆撃機や戦車も,民間部門の技術進歩を軍事目的に応用したものでしかなかった。しかし,広島原爆以後,最先端産業技術はまず軍事に応用され,科学と軍事が一体になった。そして兵器の破壊力は人類史上未曾有のものに変容し,その変容が,核兵器に収斂されている。

かつて,兵器の主たる機能は,敵の軍隊と軍事施設の破壊にあった。しかし今日,核兵器の登場によってそれは,非戦闘員,非軍事施設を殺傷・破壊できる大量殺戮兵器へと変容した。しかも同じ核兵器でもその破壊力は今日,広島原爆の数十倍にまで達し,世界中で保有される核兵器は全人類を数十回「皆殺し」できる量にまで達している。

(4) 兵器開発に投ぜられる科学研究開発費(R&D)は著しく増大される

軍事力が,科学技術集約型のものに変化したことは,何よりも,兵器開発に投ぜられる科学研究開発費(R&D)の飛躍的増大によってよく示される。たとえばアメリカ政府が,1955年に投じた軍事用R&D費30億ドル(時価)は,1935年のほぼ1000倍に上る。戦間期に主要列強が費やしていた軍事用R&D費は,全軍事予算の1%以下にすぎなかったのに対し,50年代後半のそれは,アメリカの場合15%近くまで達している。そして80年代後半,アメリカの政府支出の全R&D費の70%以上が,英仏でも40%前後が,軍事・宇宙に振り向けられている。そしてそれに対応するように,全世界の科学者の40%近くが軍事研究に従事し,米ソ両極国家の全科学技術者の三分の一から四分の一が,軍需関連技術の開発に携わっている[7]。

さらに,冷戦時期の米ソ軍拡競争が,実は最初の単純な量的競争から最

第10章　中国における軍需生産転換の見通し

後の複雑で高度な質の競争への転化過程を経験していた。そしてすでに述べたように、これはアメリカ経済の減速や旧ソ連の崩壊と直接に結び付いていた。今日、中国において行われている軍需生産の量から質への転換は米ソの歴史的教訓から学ぶべきであり、この転換は、究極的に経済優先発展の前提と抵触することにならないようにしていくべきであろう。ここから核抑止論の潜在的な危険性もまた指摘できる。

3　核抑止論の誤り

　中国では一方で経済発展するために軍事費を抑えているが、他方で経済発展は国内・国外の平和環境が必要であると強調し、軍需生産の質の向上を積極的に推進しつつある。この過程において潜在的な負荷作用が伏在している。

　すでに分析したように、軍需生産の質の向上は量的な軍縮が実行されたとしても、最新鋭技術の使用によって、関連生産を拡大するために、実質的な軍拡の道へ導くかもしれない。その時、社会的再生産へのマイナスの影響が量的な軍拡と同様に大きく生じる可能性があるであろう。

　冷戦時代に生じた核抑止論は核の脅しによって「平和」を維持できるとし、そのおもて向きの自制的で「平和的」なイメージにもかかわらず、軍事力の無限膨張を促し、戦争の危機を極大化していく内的矛盾をもっていた。戦後、「戦争を未然に防ぐための軍備」（抑止力）という軍事思想—抑止論が生まれた。敵国の攻撃を防止し、国防のために、軍需生産を行う。実質的には、「一方が敵方に対して、あらかじめその行為が報復を受け高くつくことを示すことで、思いとどまらせる」という理論である。つまり、相手に脅しをかけることによって、望ましくない行為をやめさせることである[8]。

---

7)　進藤栄一、前掲書、3-4ページ。
8)　「抑止論を抜け出すとき」『朝日新聞』1998年8月17日の社説。

これによって核抑止論は，量と質，核と非核，中心と周縁との，それぞれのレベルで軍拡を促し，しかもそれが，相互に連動しあっているために，軍拡はすべての兵器に及んで，それが無限に膨張しあっていく。結局，最小限抑止として出発した核抑止が，最大限抑止に変貌していった。こうしてこの抑止論は米・ソ両大国で軍備競争を起こし，冷戦局面の出現をもたらして，世界の安全に大きな脅威を与えていた。
　そのうえ，不断に先進の兵器を開発，生産するために，軍需産業に大量の資本，技術を投入することによって，膨大な予算，何より研究開発費が，軍需産業に差し向けられなくてはならず，そのために，巨額の財政赤字を累積させながら，結局，自国民需産業の生産性と国際競争力をも低下させる。米ソの状況こそ，これを証明していた。

3　軍需生産の転換過程における原則

　米ソは軍需生産の質への転換によって，自国の経済にもマイナスの影響を与えていた。これらの教訓から今日中国の量から質への軍需生産の転換過程において，米ソが辿ったような隘路を避けることに力を注がなければならないが，他方，この転換は中国経済発展の実状にも従うべきである。

1　科学技術進歩の積極的な推進

　近代以後，中国の技術水準は先進国よりかなり遅れていた。1949年に建国後，旧ソ連の経済モデルの輸入は，高い貯蓄と重工業優先の投資をもたらして中国の工業分野は目覚ましく成長した。70年代半ばになると，中国は，規模のうえでは，60年代初めの旧ソ連や日本に匹敵する産業基盤を持つようになった。しかし，技術面では相当に遅れていた。当時，識字率は約65％で中所得国の平均よりやや低い水準であったが，大学教育や中等教育を受けた者の割合は労働人口の2％に満たなかった。1964年，中国は世

第10章　中国における軍需生産転換の見通し

界で5番目に核爆発に成功したが，70年代後半の中国の全般的な技術水準は，世界全体に比べ10年から20年遅れていた。1980年当時，中国の産業界で使用されていた技術の60％は世界の標準からみて，全く時代遅れの代物であった。[9]

このような現実を受けて，中国では80年代から経済調整の推進中に国防費が削減され，科学建設への投資は年々増えていた。科学技術の向上を速く実現しようという強い意欲が現れている。表10-2はこの変化を表している。

中国の国家財政においては国防費の項目に計上されている支出は，人件費，部隊・機関の日常経費，訓練・演習の経費などであり，兵器・装備の生産および調達に必要な支出は基本建設投資支出に含まれている。表10-2から見て1979年～1983年の基本建設支出の削減はより大幅であった。こ

表10-2　国防費・科学事業費の推移[10]

（単位：億元）

		1977年	1978年	1979年	1980年	1981年	1982年	1983年
財政総支出A		843.5	1115.93	1203	1139.7	1041.98	1013.28	1262
基本建設支出	総額B	300.87	451.92	443.8	346.4	257.55	269.12	261.3
	対前年増	—	+151.05	-8.12	-97.4	-88.85	+11.57	-7.82
	B／A	35.70％	40.70％	36.90％	30.40％	24.70％	26.50％	20.70％
国防費	総額C	149.1	167.8	222.7	193.8	171.36	176.35	178.7
	対前年増	—	+18.7	+54.9	-28.9	-22.44	+4.99	+2.35
	C／A	17.70％	15.10％	18.50％	17.00％	16.40％	17.40％	14.10％
文教衛生………科学建設	総額D	90.2	112.7	132.1	156.3	167.97	196.96	204
	対前年増	—	+22.5	+19.4	+16.2	+21.7	+28.99	+7
	D／A	10.70％	10.10％	11.00％	13.70％	16.90％	19.40％	16.20％

(注)　1977～1982年度は決算，1983年度は予算。
(出典)　全国人民代表大会会議における各年度財政報告。

---

9)　ジョゼフ・S・ナイ Jr.，久保伸太郎訳『不滅の大国アメリカ』読売新聞社，1990年，148ページ。
10)　平松，前掲書，57ページ。

れによって，80年代から，「中国式現代化への道」がそれまでの「富国強兵」指向から「民生向上」指向へと，社会主義的現代化建設の目的を変えていることは，理解の手掛かりとなるであろう。それに対応して，逆に科学事業費の増大は特に国家が科学技術の向上を重視したことを示している。

2 軍事技術の民需産業への利用

米ソにおける「軍転民」というのは拡大された軍需生産が平時に応じて民需産業へ転換することである。中国においての「軍転民」はむしろ国防科学技術が民需産業への利用によって国民経済の発展を促進することをより重視している。

1982年1月に鄧小平は，国防工業が「軍民結合，平戦結合，軍品優先，以民養軍」すべきであると提起した。その後，中共中央，国務院，中央軍事委員会も，国防科学技術工業は新式兵器・装備の研究，開発や戦備急需な兵器・装備の生産が確保されている前提のもとで，積極的に国民経済建設に力を尽くし，わが国の科学技術水準の向上に貢献すべきであると指示した。これらの指示によって，軍需生産の民用品生産への転換が始まった。軍事技術において，民用品に開発・移転された項目は，1983年に400件以上あり，1984年に8600件余りに上り，さらに1985年に20000件以上を達成した。1980年から1986年にかけて国防科学技術工業の民用品生産価値は累計で202.36億元であった。1987年までに，民用品の開発・生産に従事する人数は国防科学技術工業における総人数の70％以上に達したのである。[11]

さらに1982年1月2日付『人民日報』の「国防科学技術・国防工業，昨年新しい成果を獲得」という記事は，「国防・軍需工業の層の厚い技術陣，比較的進んだ設備の強さを十分に生かして，民生品の生産を積極的に請け負い，国民経済に奉仕する面でも著しい成果を勝ち取った」と述べて，次の三項目を挙げている。①アイソトープ技術，照射・放射技術その他の

---

11) 『中国人民解放軍六十年大事記』軍事科学院軍事歴史研究部，1988年，742ページ。

第 10 章　中国における軍需生産転換の見通し

原子力技術は，農業・工業・医療衛生・科学研究に応用されている。②各軍需工場は国家計画と市場の必要に応じて，大量の自転車・ミシン・洗濯機・カメラ・録音テープなどを市場に出した。③一部地域の軍需工業は民需工業と提携して軽工業・紡績工業，たばこ・酒，陶磁器工業向けの専用設備を設計・製造して，これらの企業の技術改造を速め，生産性を高めた。

　こうした軍需生産の民需生産への転換は，生産優先・民生向上という「経済調整」の方針と一致するし，軍事技術の経済建設への広範な応用は，他方では軍需生産の存在による負荷作用を最小限に抑えることができている。

3　軍事技術への投資制限

　経済発展は中国の今日ないし今後の主題であるので，軍事費を最小限に抑えると同時に，軍備の現代化を推進する場合にも，社会的再生産の均衡条件を確保する枠内で軍事技術への投資を制限し，管理しなければならない。つまり軍需生産を拡大するか縮小するかという問題を考察する際，軍需品生産部門だけを見るのでは不十分であってその関連生産の変動に対しても十分な関心を持たなければならない。軍事技術の民需産業への利用を促すことによって，経済効果を生み出して経済向上にいっそう貢献すること，そしてこのプロセスをより充実し持続することは重要である。特に，軍事技術への投資の拡大によって経済全体のバランスが崩されるという負荷作用を回避する問題は転換過程において注意されなければならないであろう。

むすび

　軍需生産を導入した再生産表式の分析によると，軍需生産の存在が社会的再生産にマイナスの影響を与えていることはよく知られている。そして

戦争および冷戦時代において軍需生産の拡大は各国経済に重大な困難をもたらした。そこで，軍需生産をまだ完全に廃絶されることができない今日の世界の状態においては，軍需生産の破壊性，浪費性を最小限まで抑制する軍縮が冷戦後の主要課題になる。米ソを中心とした軍縮の促進，軍需生産の民需生産への転換の実践は，社会的再生産の均衡回復という要請に応じていることを示している。

　ところが，現代軍需生産において最も特徴的なものは科学技術の高度進歩である。軍事技術の急速な向上は軍需生産を変容させ，軍事研究への投資が著しく増大し，軍縮は単なる量的削減から見るだけでは十分ではなくなっている。

　再生産理論の観点から見れば，軍事技術への促進は資本の有機的構成を変化させることになるために，軍事費削減の裏に実質の軍拡が図られているという潜在的な負の作用，矛盾が伏在しているという問題が明らかになる。要するに，表面的に軍需生産が縮小されているにもかかわらず，軍事技術が向上するために，軍需生産の関連生産が肥大化されて，実際には軍拡が進行してしまい，結局，量的軍拡と同様に経済発展を妨げることになる。

　中国では1980年代から経済発展を促すために，軍縮が推進されつつあるとともに，軍事力の量から質への転換が積極的に追求されている。この転換に応じて軍需生産も変化を起こしている。そしてこの変化は世界からの関心を集めている。

　経済を最優先発展させると強調している今日の中国にとって，この事態にどう対応するか，現在の転換における最も重要な課題の１つであるといえるであろう。中国は最大の途上国である。そのために，科学技術の向上をいっそうに加速するのは経済発展の要件であること，そして先進の軍事技術は積極的に民需産業へ導入し経済発展を促進すること，さらに軍事技術への投資は再生産の均衡を崩さない適度の限度内に抑えることが，今日転換中の軍需生産の課題であり，任務である。

第 10 章　中国における軍需生産転換の見通し

　マルクスの再生産理論における単純再生産表式のもとで多くの仮定をしたうえで，軍需生産を分析したものであるために，今日の複雑な軍需生産問題を完全に説明するのは不可能である。しかし，この理論的分析は社会的再生産や経済発展において占める軍需生産の本質的な意義や問題を解明するものである。それは中国の軍需生産が依拠するべき理論的基準を明らかにするであろう。

終 章　諸論点のまとめと展望

　最後に本論文で展開した主要な諸論点をまとめ，再び強調する。

1　産業3分類のサービス規定と
マルクスのサービス規定との区別と関連

　本論文は，今日の第3次産業の急速な発展に着目し，産業3分類方法から検討を進めてきた。この分類方法は，経済発展によって労働力や投資など生産諸資源の分布が3つの産業の間を移動する歴史的趨勢を明らかにしたこと，国連をはじめとした多くの国ではこの3つの産業分類方法が受け入れられ，これに基づいて各国の産業分類が行われていること，そしてこの方法によって各国の経済実情が国際比較できるようになっており，積極的な意義を持っていると認められる。しかし，これに対して，この分類方法によれば，第3次産業は第1次産業（農林，水産業），第2次産業（工業，製造業）以外にすべての部門を包含し，そして第3次産業を広義のサービス業と同一視することで，理論上の精確な規定を欠き，実践的にも本来のサービスの本質を掴むことができないという制約を持っていた。
　本論文では，第3次産業をめぐる理論的分析と概念の整序・規定について，マルクスの生産的労働論，労働価値論そして社会的再生産論に基づいて考察すべきであるとの立場に立つ。産業3分類によって規定された第3次産業，すなわち広義のサービス概念についてみると，マルクスの労働価値論に基づいて規定したサービス概念は，消費過程にかかわるサービスのことを指している。すなわち，狭義のサービスである。この異なる範囲のサービス概

念が混同するのは，第3章に論じたように理論上の問題になるのである。

　上述の理由で，ここでは狭義の消費過程にかかわるサービスを消費関連サービスと名づけると同時に，通常，認識される広義のサービスを区別して生産過程にかかわるサービスを生産関連サービス，流通過程にかかわるサービスを流通関連サービス，そして公共事業にかかわるサービスを公的サービスと名づける。言い換えれば，第3次産業を生産関連サービス業，流通関連サービス業，消費関連サービス業と公的サービス業の4つの部分に分けることを提起する。そして，本論文の第Ⅱ部はマルクスの経済理論に基づいて消費関連サービスを中心に検討した。この作業によって，通常に認識されるサービス（広義のサービス）とマルクスのサービス（狭義のサービス）との区別と関連づけを明確にさせた。

2　消費関連サービス業と軍需産業との比較

　本論文において，現代の第3次産業の中核をなす消費関連サービスおよび軍需産業を中心に理論的検討を行った。この2つの部門の共通点と相違点を比較，考察した。その検討をまとめると次のようになる。

1　共通点について

　すでに述べたように，消費関連サービスは，第3次産業の中に1つの主要な部門として存在している。国民生活に直接に関連している部門であるために，各国の政府によって重視されている。特に中国は，胡錦濤政府においてこの分野の発展に高い関心を持つようになった。消費関連サービス業は，本論文の第Ⅱ部の再生産表式のもとで分析されたように，物的な社会的再生産の枠外に位置している。というのは第Ⅰ部門，第Ⅱ部門の生産物成果を単に消費する部門という性格を持っているにすぎないからである。このことからいえるのは，サービス部門は第Ⅰ部門と第Ⅱ部門，すなわち

終 章

社会的生産部門の発展にしたがって，つまり物的生産部門の発展を条件とし，それに伴われて成長する部門であるということである。この理由によって，消費関連サービス業は，均衡的発展のためにはそれに対して一定の制限を設ける必要があるという観点が導き出される。

公的サービスである軍事サービスを支える軍需産業は，再生産表式によって分析すれば，消費関連サービス業と同じ特徴を持っている。すなわち，その生産物は社会的再生産に直接に役立つものではなく，第Ⅰ部門，第Ⅱ部門の生産物を消費するだけである。このために，軍需産業の拡大には一定の制限を設けないと，第Ⅰ部門と第Ⅱ部門という民需への圧迫作用というリスクが大きくなる恐れがある。

2 相違点について

第1に，消費関連サービスは不生産的労働であり，価値を生まない労働である。このために，完全に社会的再生産の枠外に設置されている。しかも，価値を生まないために，表式の中での符号表示も変えられている。これに対して，本論文の第Ⅲ部に分析した軍需産業生産は消費関連サービスと違って，生産的労働であり，価値と剰余価値を生む労働でもある。しかし，その生産物は結局社会的再生産に直接に役立つことができないために，再生産表式の中では第Ⅱ部門の内部の1つの亜部門として位置づけられる。

第2に，両者の将来の発展経路の見通しが同じではない。消費関連サービスの発展は国民生活の向上の徴表として，国民経済の発展とともに，ますます発達し，拡大する傾向がある。注意を要するのは，そのバランスを安定させることだけである。軍需産業は，それとは異なり，国と国民の安全を守るために必要があるとはいえ，国土・生産施設の破壊や人命の殺傷の効果しかもたらさないために，一定の規模に制限する必要がある。またこの産業は，国内，国際の安全状況によって大きく左右され，削減されたり増加されたりするのは常態である。その拡大によって，経済発展や国と国民の安全にも非常に大きな脅威になる恐れがある。

199

3 中国の第3次産業の展望
―― 消費関連サービスと軍事サービスを中心にして

　以上の考察を踏まえて，積極的に第3次産業を発展させようという今日の中国政府が提唱する政策を点検し，それに対して提言してみたい。
　まず，第3次産業の中の消費関連サービスと軍事サービス（軍需産業も含む）は一定的な生産力発展水準のもとで，経済全体の均衡を保持するために必要な制限を設けなければならない。何も考えずに一方的に第3次産業の全体を拡大させようとするなら，経済発展のバランスを崩す危険がある。特に中国の場合は，途上国であり，先進国を早く追いかけるために，自国の状況を無視し，先進国をまねて第3次産業を急速的に発展させるのはさらに危険である。すでに第Ⅰ部で考察したように，先進国は，発達した市場経済に基づいて第1次産業，第2次産業を成熟させたうえで，サービス経済化という側面が現れたのである。それは自然に労働力の受け皿になり，環境問題の解決の1つの手段となるのである。ところが，今日の中国は14億の人口を持ち，その半分以上を農業人口が占める途上国であり，第1次産業，第2次産業ともまだ十分に発達していない状況のもとで，第3次産業の発展を政府主導で人為的に過大に強調するのは適切ではないであろう。
　次に，軍事サービス，特に軍需産業に関しては，すでに指摘したように，経済発展の均衡を考慮して一定の程度に制限するだけでは不十分である。民需の拡充を配慮するならば，できる限り，徐々に縮小させるべきである。
　最後に，第3次産業の中には，多数の違う特徴を持つ産業部門が存在しているために，きめ細かく，区別して発展対策を具体的に制定する必要がある。生産関連サービス業に対しては，物的生産部門と同じように積極的に発展させるべきである。流通関連サービス業，消費関連サービス業と公

終 章

的サービス業は他の生産部門に依存するために，社会的生産の均衡を阻害しない，その産業奨励政策にも一定の配慮が必要である。しかも，それぞれの内部に含まれる各部門はまた独自な性格を持っているために，具体的に分析すべきである。

2007年10月に中国中共中央「十七大」が開かれ，「調和のとれた持続可能な発展」を目指す胡錦濤政府の戦略思想「科学的発展観」が，党の路線として全面的に推進されることが宣言された。この時期こそ，第3次産業内部の複雑さを十分に認識したうえで，中国経済全体の均衡的発展を探求する仕事が最も重要な課題になるといえるであろう。

最後に，本論文を終えるにあたって，今後に残された課題を示しておきたい。

第1に，本論文では第3次産業を生産関連サービス，流通関連サービス，消費関連サービスおよび公的サービスに分割し，後二者に属する本来のサービスと軍需サービスとを中心にして考察した。今後の研究では言及できなかった業種を具体的に検討する必要がある。特に，商業，金融，保険などを含む独自な特徴をもつ流通関連サービスの検討は，第3次産業の研究にとって避けられない重要な課題である。

第2に，第Ⅱ部第5章に述べたように中国では1980年代末までに旧ソ連の「国民経済計算」を学び，「物質平衡表体系」＝MPS体系を使って経済統計が行われたが，この計算統計は物質的生産を偏重して第3次産業を十分に把握することも，評価・表示することもできなかったために，経済発展を適切に反映できない一方で，国連や先進国の異なった計算体系と比較することができなかった。経済グローバル化の進行という状況を受け，中国は1993年からMPS体系を放棄し，今日では国際的に通用している「国民経済計算体系」＝SNA体系を採用した。ところが，SNA体系は，周知のように，第3次産業が全部価値を生む労働であり，国民所得を作るとみなす観点に立つ計算方法である。複雑で多岐多種類にわたるサービス業の

実態に即した特徴を摑んでいないという問題を残している。今後2つの計算体系を比較し，新たな，より科学的な国民経済計算体系を作ることがもう1つの課題となる。

参考文献

笠信太郎「軍需生産と再生産過程」『サラリーマン』1935年3月号。
川崎巳三郎「戦時経済の再生産構造について」『民主主義科学』1946年5月号。
山田盛太郎『山田盛太郎著作集』第1巻，岩波書店，1947年。

1950年代
守屋典郎『恐慌と軍事経済』青木書店，1953年。
上杉正一郎・広田純・田沼肇「戦後日本における国民所得統計」『日本資本主義講座』第9巻，岩波書店，1954年。
都留重人・野々村一雄「戦後の国民所得」『日本資本主義講座』第8巻，岩波書店，1954年。
ウィリアム・ペティ，大内兵衛・松川七郎訳『政治算術』岩波文庫，1955年。
ローザ・ルクセンブルク，長谷部文雄訳『資本蓄積論』青木文庫，1955年。
有沢広巳・中村隆英『国民所得』中央経済社，1955年。
山田盛太郎「再生産表式」『経済学大辞典1』東洋経済新報社，1955年。
総理府統計局『日本の人口・昭和30年国勢調査の解説』1959年。
石崎唯雄「わが国第三次産業の特徴と問題点」『経済評論』1959年9月号。

1960年代
J・S・ミル，末永茂喜訳『経済学原理』全5分冊，岩波文庫，1959-1963年。
アダム・スミス，大内兵衛・松川七郎訳『諸国民の富』第2分冊，岩波文庫，1960年。
都留重人「第三次産業と経済成長」『経済研究』Vol. 11, No. 2, 1960年。
A・ラゴフスキー（旧ソ連陸軍大佐）『戦略と経済』防衛研修所，1961年。
都留重人編『現代資本主義の再検討』岩波書店，1961年。
何煉成「試論，社会主義制度下の生産的労働と不生産的労働」『経済研究』1963年第3期。
芝原拓自「再生産理論と軍事経済についての一試論」名古屋大学『経済科学』

第13巻第1号，1966年1月。
井村喜代子「『資本論』と日本資本主義分析——再生産表式論をめぐって」『思想』第515号，1967年5月。
山田喜志夫「社会的総資本の再生産におけるサービス部門の位置」一橋大学『経済研究』Vol. 19, No. 2, 1968年4月。
山田喜志夫『再生産と国民所得の理論』評論社，1968年。
吉沢文男「サーヴィス労働の生産的労働性について」駒沢大学『経済学論集』第1巻第1・2合併号，1969年。

1970年代

赤堀邦夫『価値論と生産的労働』三一書房，1971年。
大野秀夫「サービス価格の変動と再生産」『金融経済』第134号，1972年6月。
カール・マルクス『資本論』第Ⅰ部（全集版），大月書店，1975年。
カール・マルクス『剰余価値学説史』第1分冊（全集版），大月書店，1975年。
『マルクス＝エンゲルス全集』26巻Ⅰ，大月書店，1975年。
藤島洋一「マルクス再生産表式とサービス部門」鹿児島大学『経済学論集』第12号，1975年3月。
広田純「国民所得統計・産業関連表によるわが国主要産業の剰余価値率の推計」『経済』1975年4月号。
荒又重雄「生産的労働論新考」北海道大学『経済学研究』第25巻3号，1975年。
松原昭「商業賃労働の生産的性格」『早稲田商学』第254・255合併号，1976年。
平実「生産的労働および不生産的労働に関する一管見」『大阪経済大論集』第113集，1976年。
渡辺雅男「雇用労働の諸形態」一橋大学大学院『一橋研究』第2巻第1号，1977年。
飯盛信男『生産的労働の理論』青木書店，1977年。
青才高志「価値形成労働について」『経済評論』1977年9月号。
刀田和夫「労働の対象化，物質化，凝固とサービス労働」九州大学『経済学研究』第42巻合併号，1977年。
佐藤金三郎・岡崎栄松・降旗節雄・山口重克編『資本論を学ぶⅢ　第2巻・資本の流通過程』有斐閣選書，1977年。
重森暁「生産的労働と不生産的労働」島恭彦監修『講座現代経済学Ⅲ　資本論

と現代経済(2)』青木書店，1978年。
渡辺雅男「労働のサービスと非物質的労働」一橋大学大学院『一橋研究』第3巻第3号，1978年。
飯盛信男『生産的労働と第三次産業』青木書店，1978年。
金子ハルオ「サービスの概念と基本性格」金子ハルオ他編『経済学における理論・歴史・政策――横山正彦先生還暦記念論文集』有斐閣，1978年。
飯盛信男『生産労働と第三次産業』青木書店，1978年。
刀田和夫「サービス商品の価値と商品体(1)(2)」『経済学研究』第44巻第4・5・6合併号，第45巻第1号，1979年。
渡辺雅男「質料交換と生産的労働」一橋大学『一橋論叢』第81巻第6号，1979年。
姜昌周「再生産とサービス部門――川上正道教授の所論批判」『大阪経済法科大学経済学論集』第3号，1979年3月。

1980年代

長田浩「サービス部門を含む再生産表式に関する覚え書」関東学院大学『経済系』第123集，1980年3月。
頭川博「価値形成労働の概念」一橋大学『一橋論叢』第84巻第2号，1980年。
渡辺雅男「サービス概念の再検討」一橋大学大学院『一橋研究』第5巻第2号，1980年。
渡辺雅男「『サービス産業』の再検討――『サービス産業』における固定資本の現物貸付」一橋大学大学院『一橋研究』第7巻第2号，1982年。
大吹勝男「サービスおよびサービス労働概念について」駒沢大学『経済学論集』第12巻第2・3合併号，1980年。
于光遠「社会主義制度における生産的労働と不生産的労働」『中国経済問題』1981年第1期。
孫治方「生産的労働は物質的生産労働でしかありえない」『経済動態』1981年第8期。
馬場雅昭「サーヴィス労働及びサーヴィスについて(Ⅰ)(Ⅱ)」『旭川大学紀要』第13号－第14号，1981－82年。
渡辺雅男「労働と機能」一橋大学大学院『一橋研究』第6巻第4号，1982年。
広田純「国民所得論」日本経済学連合編『経済学の動向　第2集』東洋経済新報社，1982年。

井村喜代子「再生産表式による軍需生産の分析」『資本論体系 4　資本の流通・再生産』有斐閣，1983 年。

金子ハルオ「生産的労働と不生産的労働」『資本論体系 7　地代・収入』有斐閣，1983 年。

渡辺雅男「サービス労働論の諸問題」『資本論体系 7　地代・収入』有斐閣，1983 年。

延近充「軍需品生産の再生産表式分析にかんする一考察―従来の諸議論の検討を中心に―」『三田学会雑誌』1983 年 8 月号。

M・コゴイ，田口富久治・芝野由和・佐藤洋作訳『価値理論と国家』御茶の水書房，1983 年。

鄭淵沼「経済の軍事化が再生産におよぼす影響について」『軍拡と軍縮の政治経済学』（経済理論学会年報）第22集，青木書店，1985 年。

国務院「国家統計局により第 3 次産業統計の確立に関する報告」『人民日報』1985 年 5 月 4 日。

平松茂雄『中国の国防と現代化』勁草書房，1985 年。

斉藤重雄『サービス論体系』青木書店，1986 年。

カール・マルクス，社会科学研究所監修・資本論翻訳委員会訳『資本論』新日本出版社，1987 年。

進藤栄一『現代の軍拡構造』岩波書店，1988 年。

谷書堂『社会主義経済学通論』上海人民出版社，1989 年。

1990年代

『軍縮が世界経済を変える―米ソ両超大国の挑戦』日本放送出版協会，1990 年。

ジョゼフ・S・ナイ，Jr.，久保伸太郎訳『不滅の大国アメリカ』読売新聞社，1990 年。

蘇星「労働価値一元論」『中国社会科学』1992 年第 6 期。

江畑謙介『世界の新秩序と軍事力』PHP研究所，1992 年。

福岡正夫『ゼミナール経済学入門』日本経済新聞社，1994 年。

何錬成「労働価値論一元論も話す―蘇，谷の争いへの簡評とその他」『中国社会科学』第 4 期，1994 年。

黄海元「米国軍転民総述」『現代軍事』（中国版），1995 年 1 月号。

『解放軍報』1995 年11月 2 日。

宋則行「サービス部門労働も価値を創造する」『経済学家』第6期，1996年。
金子ハルオ『サービス論研究』創風社，1998年。
宋先鈞「近年来労働価値論研究述評」『理論与改革』第1期，1999年。

2000年代

J-C・ドゥロネ，J・ギャドレ，渡辺雅男訳『サービス経済学説史 300年にわたる論争』桜井書店，2000年。
中国版2000～2002年『国際統計年鑑』。
李江帆「マルクスによる第3次産業理論の提示およびその現実意義」『福建論壇・人文社会科学版』第2期，2001年。
斉藤重雄『現代サービス経済論』創風社，2001年。
飯盛信男「公共サービス拡充の必然性」『政経研究』第78号，2002年。
傅軍勝「労働価値論研究討論綜述（下）」『マルクス主義研究』第4期，2002年。
川上則道「サービス生産をどう理解するか？」『経済』新日本出版社，2003年1月号，2月号。
『経済日報』（中国版）2003年5月23日。
井上英雄「消費過程とサービス労働」『政経研究』第80号，2003年。
葉祥松・白永秀「労働価値論におけるいくつかの重大な理論問題——兼論蘇星，谷書堂，何錬成の論争および再認識」『経済評論』第5期，2004年。
陳信主編『「資本論」学習と研究』東北財経大学出版社，2004年1月。
李悦主編『産業経済学』第2版，2004年4月。
林善浪『中国核心競争力問題報告』中国発展出版社，2005年2月。
櫛田豊「サービス生産と再生産表式」『季刊 経済理論』第42巻第2号，2005年7月。
陳憲・程大中・殷鳳主編『中国服務経済報告2006』経済管理出版社，2007年4月。
日本総務省ホームページ，2007年9月14日報道資料，「日本標準産業分類」の改定を答申——経済活動のサービス化に対応。

刊行によせて

　待ち望まれていた譚暁軍さんの博士学位論文が公刊される。このうえない慶びである。

　中国人留学生を宮川研究室で受け入れはじめたのは1990年代であったが，譚暁軍さんはその先駆けのひとりだった。研究生として広く門戸を開いて受け入れ，そこから入試を課して選抜し正規の大学院生として迎え入れるという途である。わが研究室でもようやくひとりふたりと留学生の受け入れを始めたころ，譚暁軍さんは，同じ大学院修士課程で法学を学んでいた夫・趙雪岩君（現　遼寧同方法律事務所　代表）に導かれて私の研究室を訪れ，挨拶，相談にやって来た。それが私との最初の出会いだった。

　冷戦終結後「改革開放」を追い風として若い優秀な中国人留学生は，大きなうねりとなって海外に勇躍しようとしていた。多くは日本を跳び越えて，資本グローバル化の本場米国の大学へ渡り，また，それでも一部は，一衣帯水の隣国との「政冷経熱」に期待を託してか，日本に流れて来ていた。学術分野でも学生交流にしても日中交流はようやく緒に就いたばかりである。有人宇宙船を飛ばしている国からバブル不況のどん底にうち沈んでいる日本に渡って一体何を学びに？　という思い，今は昔の「高度成長」の成功経験か，それともバブル破綻にまみれた「日本的経営」や「市場管理術」の教訓を求めてか？　といった戸惑いや遠慮が，受け入れ側としてないわけではなかった。他方，足下の学術的な普遍的真理の探究は，生まれながらにしてグローバル化のトップランナーであり続けてきたはずだった。国際的に比較優位な研究蓄積・水準に恵まれたマルクス主義政治経済学，なかんずく日本の『資本論』研究を専門領域の舞台として，中国の優秀な頭脳を迎え入れ指導できるという機縁が芽生えてきたのである。留学生受け入れをきっかけに，改めて常日頃の大学における地道な研究教育の

ユニバーサルな使命およびローカルな貢献について再認識と点検を迫られたことは，まことに貴重な体験であり，幸せなことであった。

その先駆けを担ってくれたのが譚暁軍さんだった。日本における修士・博士課程の学業の精進が身を結んだ精華が，この学位論文である。彼女の訪日後の実績の歩みがよく物語っているように，明晰な頭脳で考えぬき筋を通して頑張りぬくことを身をもって示した，意志のひと，努力のひと。学術的なクリティカル論点への彼女の理論的執着は，異彩を放って並々ならぬものがあり，論文の特長と個性をかたちづくることになった。

本論文は序章から終章に至る3部12章から構成されている。その論旨の概要を一瞥し紹介しておきたい。

近年中国経済の急速な成長底上げに伴って，第3次産業の動向が脚光を浴びている。2004年にはGDPに占める第3次産業の比率は40％を超え，国民経済に占める比重が著しく高まっている。日本など先進発展諸国では概ね70％に達し，この経験値比較の一瞥からも潜在的成長性が見通されるのは頷けることだ。中央政府は，「第3次産業の振興と発達は現代経済の重要な特徴の1つ」，「経済発展にしたがって，産業構造の改善とレベルアップを果たしつつ，徐々に社会的生産力水準に相応しい第1次，第2次，第3次産業の合理的な構造を形成する。これは各国経済発展の普遍的趨勢である」（江沢民当時総書記）との認識を示し，第3次産業への積極的な奨励策に取り組んでいる。その経済成長の裡で2つの深刻な社会問題，貧富格差の拡大と環境悪化とが急浮上してきた。失業状況を改善するために労働集約的つまり人海対面方式のゆえに雇用創出効果が高いことや，また同じ理由からクリーン産業（エコ産業）として環境保護寄与度の点でも優れていることから，サービス業をはじめとした第3次産業が注目されるようになり，第3次産業への期待が高まっている。

著者の問題関心と動機づけの背景には，すぐれて今日的な中国国策の基本方針にかかわる事情が控えている。第3次産業の興隆には資本主義市場

刊行によせて

経済の歴史的発展の一定程度の成熟が前提に横たわるという史実に照らしてみると，市場経済途上国の中国で人為的な奨励促進策が馴染むかどうか，発展途上国である中国はどのような第3次産業発展の将来像を描き出すべきか，「和諧社会」の実現と安定的な持続可能な経済発展のためにはどのような合理的な第3次産業奨励策が望ましいのか。第3次産業振興策の準拠するべき理論的根拠について，本論文は，サービス産業や軍需産業を事例として解明することを意図したものである。

このような原理的な問題関心は，生産的な物質的財貨をうみださないサービス産業と軍需産業とを第3次産業の典型的な事例研究として採用した接近方法に現れている。もし仮に，物的富に結実しないまたは破壊的に働くこれらの第3次産業に過度に社会の資源が傾斜投入されるとしたならば，──軍拡の行き過ぎで国民経済を疲弊させ国家破綻を招いた古今の身近な史実が示すように──持続可能な均衡発展が遅かれ早かれ阻害されるようになるのは自明であろう。安定的な経済発展と「和諧社会」の実現のためにどのような第3次産業政策が合理的であり望ましいのかという課題（再生産構造論）は，根源的かつ普遍性を帯びたものあり，経済サービス化の進む諸国にとっても共有される積極的な，すぐれて今日的な意義を持つものである。

また同じ理由から，著者が既成の第3次産業分類に甘んぜずそれに批判的検討を加えようとする視座も，理解できる。すなわち，第3次産業の中に物的生産的サービス業種と非物的サービス業種とを区別する再生産論的観点の重視である。

本論考の特長的成果は，以下の諸論点に挙げることができる。
(1) 第3次産業を物的生産的労働の基準または再生産／消費の基準に照らして，4つの細分類（「生産関連サービス」，「流通関連サービス」，「消費関連サービス」，「公的サービス」）に分け，本来の典型的なサービス業を「消費関連サービス」として限定的に規定したことである。この接近法によっ

211

て，商業や金融業などの重要部門を考察対象から外すことをよぎなくされたが，立論を簡単化し当初の再生産論課題を方法論として具現できたといえよう。

(2) 日本および中国において長期にわたって継続されてきた生産的労働論争およびサービス論争について，包括的サーベイと批判的総括を与えたことである。日本では3つの見地，すなわち，①「サービス労働価値不生産説」（通説），②「サービス労働価値生産説」（反通説・拡張説），③「サービス労働・労働力価値形成説」（第3の説）の鼎立状況があり，論争は今日も継続中である。中国では著者の整理によれば，①「問題を提起する時期」，②「物質生産的労働価値論を堅持する時期」，③「サービス労働価値形成論を強調する時期」，④「分析・総括する時期」と4つの段階を変遷してきた。これら論争経緯の紹介と批判的点検を通じて，著者の観点は「サービス労働価値不生産説」の立場で一貫しており，論争の検討を通じて強固なものとしている。

(3) サービス再生産表式の作成は本論文の独創的な独自成果の1つである。消費関連サービス部門は，物的財貨を作り出さない点で不生産的労働であるとともに，資本主義的形態規定に準拠すれば，利潤吸引的生産的ではあっても，価値不形成労働である。著者によれば，こうした特性を帯びた資本主義的部門として社会的再生産表式に組み入れる際には，基礎表式の枠外に位置づけられる。消費関連サービス部門を含めた各部門および各構成部分の間の価値補塡と素材補塡の点で均衡のとれた，著者独自のサービス再生産表式が提出されえた。

(4) 軍需再生産表式を作成したことは本研究のもう1つの主要な独自成果である。日本における従来の論争と到達点を踏まえ，軍需生産の特性と再生産表式における位置づけを明確にして，社会的再生産における軍事産業による価値補塡と素材補塡の運動態様が解明された。さらに加えて，現代の技術高度化を伴う軍備近代化が引き起こす，軍需産業の自律的な，条件によっては加速度的でさえある，肥大化のメカニズム，および社会的再

刊行によせて

　生産（民需）への圧迫を累増させるという負効果（軍縮の場合には，正反対に民需への積極効果）について，斬新でユニークな表式模式を用いて析出したことは独創的な成果であり，従来の見解に訂正と新知見をもたらした。
　以上，サービス再生産表式および軍需再生産表式に基づく相互依存関係の分析から，サービス部門の被制約性，軍需生産部門とその関連部門による社会的再生産（民需）に対する大きな負荷作用の影響が帰結される。この考察では，第3次産業と広義のサービス論をめぐって輻輳した諸現象の流れを整理し直して，論争の前進に向けて一つの筋道だった理論的基準と見通しを与えたことは評価できよう。

　著者譚暁軍さんが新しい研究の飛躍の場を望んだときに，中国社会科学院マルクス主義研究院の指導的学者たちに注目されたのがこの学位論文だった由である。日本留学のこの成果が，彼女自身の研究生活の新しい局面のスタートを切り開いてくれたばかりでなく，また一つ新たな日中学術交流の発展の契機をも付け加えてくれることになる。指導教授として感慨と悦びこれにまさるものはない。留学生受け入れのつとめに対する最上の御褒美だと受け止めたい。
　いま再出発に踏み出そうとする譚暁軍さんの，今後のいっそうの精進と活躍を期待してやまない。

　　2010年8月

　　　　　　　　　　　　　　　　首都大学東京教授　　宮川　彰

[著者略歴]

譚　暁　軍（タン　ショウ　ジュン）

1968年　中国遼寧省瀋陽市に生まれる
1991年　中国東北財経大学計画統計学部卒業
1999年　日本東京都立大学大学院社会科学研究科修士
　　　　課程修了
2004年　中国東北大学文法学院経済学部副教授
2008年　日本首都大学東京大学院社会科学研究科博士
　　　　課程修了，博士（経営学）学位取得
2010年　中国社会科学院マルクス主義研究院副研究員

現代中国における第3次産業の研究
——サービス業および軍需産業の理論的考察——

2011年6月25日　第1刷発行

著　者　譚　暁　軍
発行者　片　倉　和　夫
発行所　株式会社　八　朔　社
東京都新宿区神楽坂2-19　銀鈴会館
振替口座・東京00120-0-111135番
Tel 03-3235-1553　Fax 03-3235-5910

Ⓒ譚暁軍，2011　　　組版・アベル社／印刷製本・藤原印刷
ISBN978-4-86014-055-7